자투리 천으로 쉽게 만드는
미니어처

Lady Boutique Series No. 3898 NUNO DE TSUKURU MINIATURE SIZE NO KOMONO
Copyright © 2014 BOUTIQUE-SHA, INC.
All rights reserved.
Original Japanese edition published by BOUTIQUE-SHA, INC.
Korean translation rights © 2016 by One And Only Books
Korean translation rights arranged with BOUTIQUE-SHA, INC. Tokyo
through EntersKorea Co., Ltd. Seoul, Korea

이 책의 한국어판 저작권은 (주)엔터스코리아를 통해 저작권자와 독점 계약한 단한권의책에 있습니다.
저작권법에 의하여 한국 내에서 보호를 받는 저작물이므로 무단전재와 복제를 금합니다.

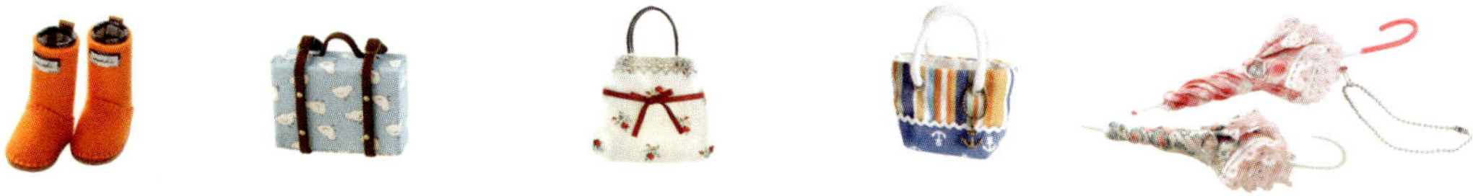

interior props

보기만 해도 미소 가득해지는
86가지 소품

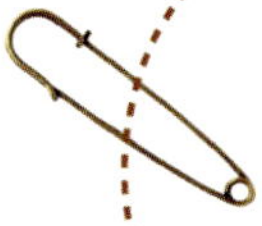

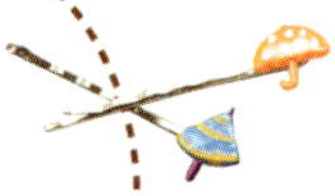

자투리 천으로 쉽게 만드는
미니어처

부티크사 지음

단한권의책

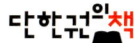

자투리 천으로 쉽게 만드는
미니어처

초판 1쇄 | 2016년 6월 30일
지은이 | 부티크사
옮긴이 | 홍성민
펴낸이 | 장재열
디자인 | 박서윤
펴낸곳 | 단한권의책
출판등록 | 제251-2012-47호 2012년 9월 14일
주소 | 경기도 수원시 영통구 매탄동 현대홈타운 127동 304호
전화 | 010-2543-5342
팩스 | 070-4850-8021
이메일 | jjy5342@naver.com
온라인 카페 | http://cafe.naver.com/onenonlybooks
ISBN | 978-89-98697-26-6 13630
값 | 13,500원

용어 설명

1. 식서(飾緖, selvage)
직물을 잡아당겼을 때 잘 늘어나지 않는 방향으로, 올이 풀리지 않게 짠 천의 가장자리를 말함. 직물의 식서 방향을 맞추어 옷을 재단해야 변형이 적은데, 대부분 옷의 세로 방향을 의미함

2. 거싯(gusset)
가방의 용량을 늘리기 위해 옆면 바닥에서 윗부분을 따라 재봉해 만듦. 물건을 넣으면 바닥이 넓어짐

3. 시접
옷 솔기 가운데 접혀서 속으로 들어간 부분

4. 감침질
직물의 양끝이나 의복의 단에서 꺾어진 곳을 튼튼하게 꿰매는 바느질의 한 방법

5. 휘갑치기
옷감의 올이 풀리지 않도록 가장자리를 성글게 감치는 바느질 방법. 주로 5~6땀을 연속해서 휘갑치기한 후 실을 잡아 빼고 같은 방법을 반복함

들어가기 전에

※본지의 실물 크기 형지에는 시접이 포함되어 있지 않습니다. 지시에 따라 시접을 두어 천을 재단하세요.
※도안의 재봉 지시가 '재봉틀'로 되어 있어도 부품이 작아 재봉틀로 박기 어려울 때는 '손바느질'하세요.

실물 크기 형지 복사와 재단법

본지에서 실물 크기 형지를 트레이싱페이퍼(비치는 얇은 종이)나 얇은 종이에 연필로 베껴서 잘라낸다. 복사기로 복사해도 된다.

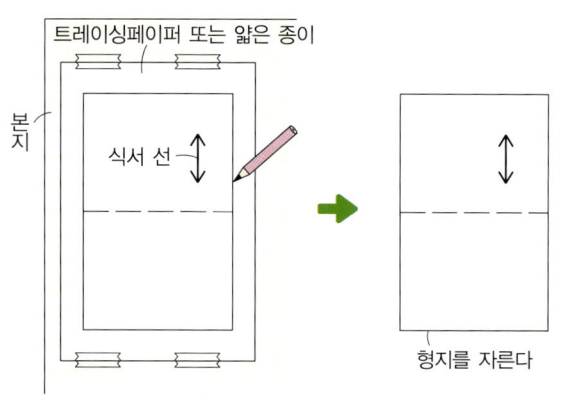

천의 안쪽에 형지를 놓고 초크펜으로 완성선을 표시한다.

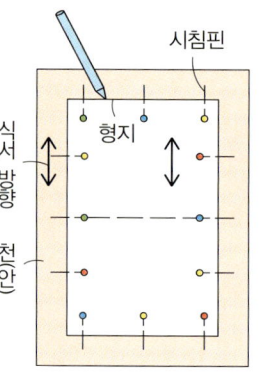

지정 시접을 두어 자른다.

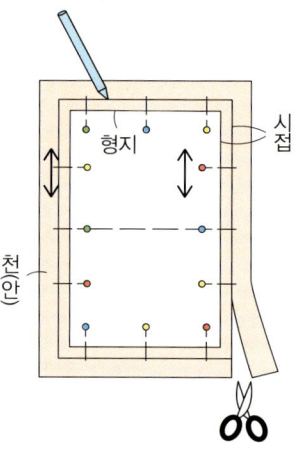

형지 기호

완성선	안내선(주름 등)	접음선에 재단하는 표시
———	- - - - -	— — —
식서선	똑딱단추, 단추	접음선
←——→	+	— — —

재봉틀로 박는 방법과 포인트

바느질 시작과 바느질 끝을 되박음질한다. 되박음질은 같은 바늘 땀 위를 2~3회 겹쳐서 박는다.

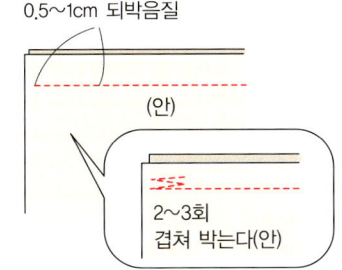

기본적인 손바느질

촘촘한 홈질
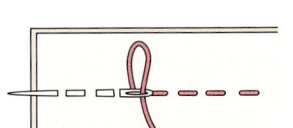

홈질
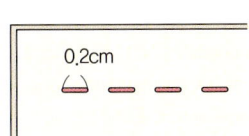

휘갑치기
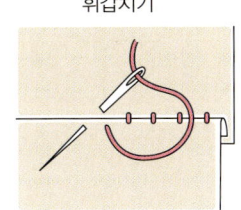

ㄷ자 감치기
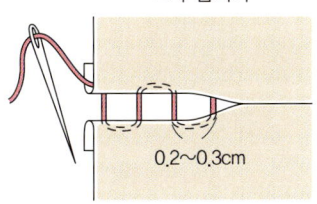

되박기
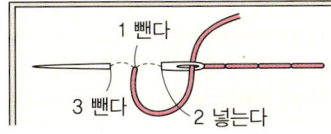

O링 다는 방법

집게나 펜치로 양쪽을 잡아 앞뒤로 벌린다. 닫을 때는 이음매 부분을 맞대듯이 하여 집게나 펜치로 잡아서 닫는다. 좌우로 벌리면 깔끔하게 닫히지 않으므로 주의할 것. 앞뒤로 벌리고 이음매 부분을 맞대듯이 닫는다.

부품과 부품을 연결할 때 사용한다.

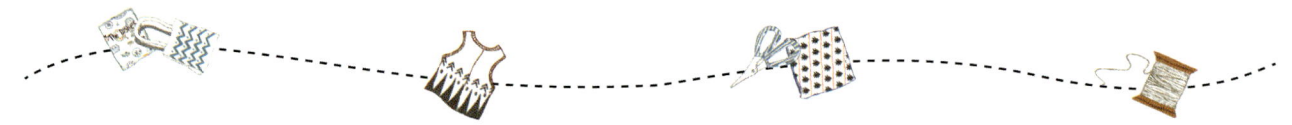

Contents

Part.1 마음에 드는 천으로 만드는 작은 가방들

2단 토트백
12p

마린 토트백
16p

덮개 달린 사다리꼴 핸드백
주머니가 있는 백
20p

거싯이 있는 직사각형
토트백
23p

직사각형 심플백
26p

레이스와 리본으로
장식한 심플백
30p

가장자리 장식의 버킷백
33p

둥근 바닥 2단 버킷백
36p

Part.2 다양한 소재를 매치해서 머스트 해브 아이템 만들기

가죽 덮개가 있는 백
40p

체인 손잡이 핸드백
44p

손잡이가 달린 그래니백
47p

개더백
50p

Part.3 다양한 모양의 미니어처백 만들기

미니 백팩
54p

작은 메신저백
57p

드럼형 파우치
60p

사다리꼴 보스턴백
63p

반원형 트렁크
66p

사각 트렁크
70p

Part.4 미니 사이즈의 멋쟁이 아이템 만들기

미니 마린캡
76p

작은 카플린
79p

미니 부츠
82p

미니 스트랩 슈즈
85p

미니 양산
88p

옷장 가랜드
91p

Part.5 작아도 편리한 디자인

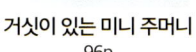
거싯이 있는 미니 주머니
96p

프레임 미니 동전지갑
100p

미니 테트라 파우치
103p

Part.6 실물 크기 형지 (가위로 오려 사용하기)

PART 1

마음에 드는 천으로 만드는
작은 가방들

2단 토트백
(1~5번까지)

크기: 가로 4㎝×세로 4.5㎝×폭 3㎝

다른 두 종류의 천을 사용해 2단으로 만든 세련된 토트백.
모양이 단순해 천에 따라 분위기가 달라집니다.
배색을 생각하는 것이 또 다른 재미입니다.

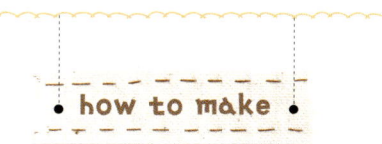

❀ 1~5 공통 재료(1개분)
a천(목면 프린트) 폭 9㎝×9㎝
b천(1·4·5 목면 프린트 2 목면 스트라이프 3 목면 체크) 폭 9㎝×8㎝
c천(1·2·3 목면 프린트 4·5 목면 스트라이프) 폭 9㎝×14㎝

❀ 1재료
그로그랭 리본 폭 1㎝×14㎝

❀ 2재료
가죽끈 폭 0.6㎝×14㎝
리벳(지름 0.5㎝) 4쌍

❀ 3재료
d천(목면 무지) 폭 6㎝×7㎝

❀ 4재료
가죽끈 폭 0.6㎝×14㎝
리벳(지름 0.5㎝) 4쌍

❀ 5재료
d천(목면 무지) 폭 6㎝×7㎝

❶ 본체와 바닥 천을 맞대어 꿰맨다

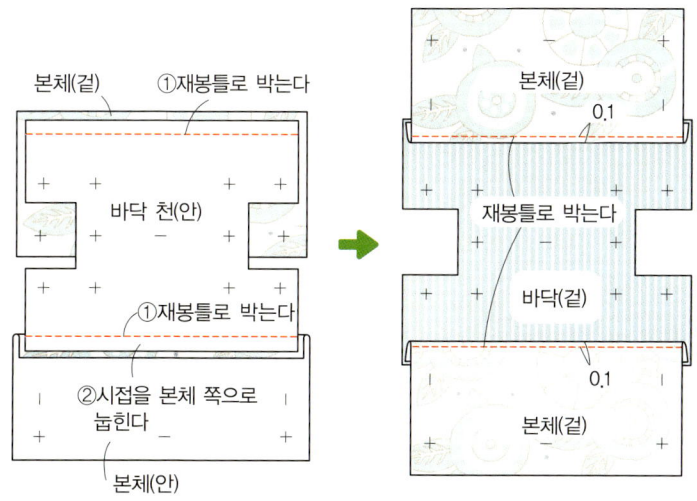

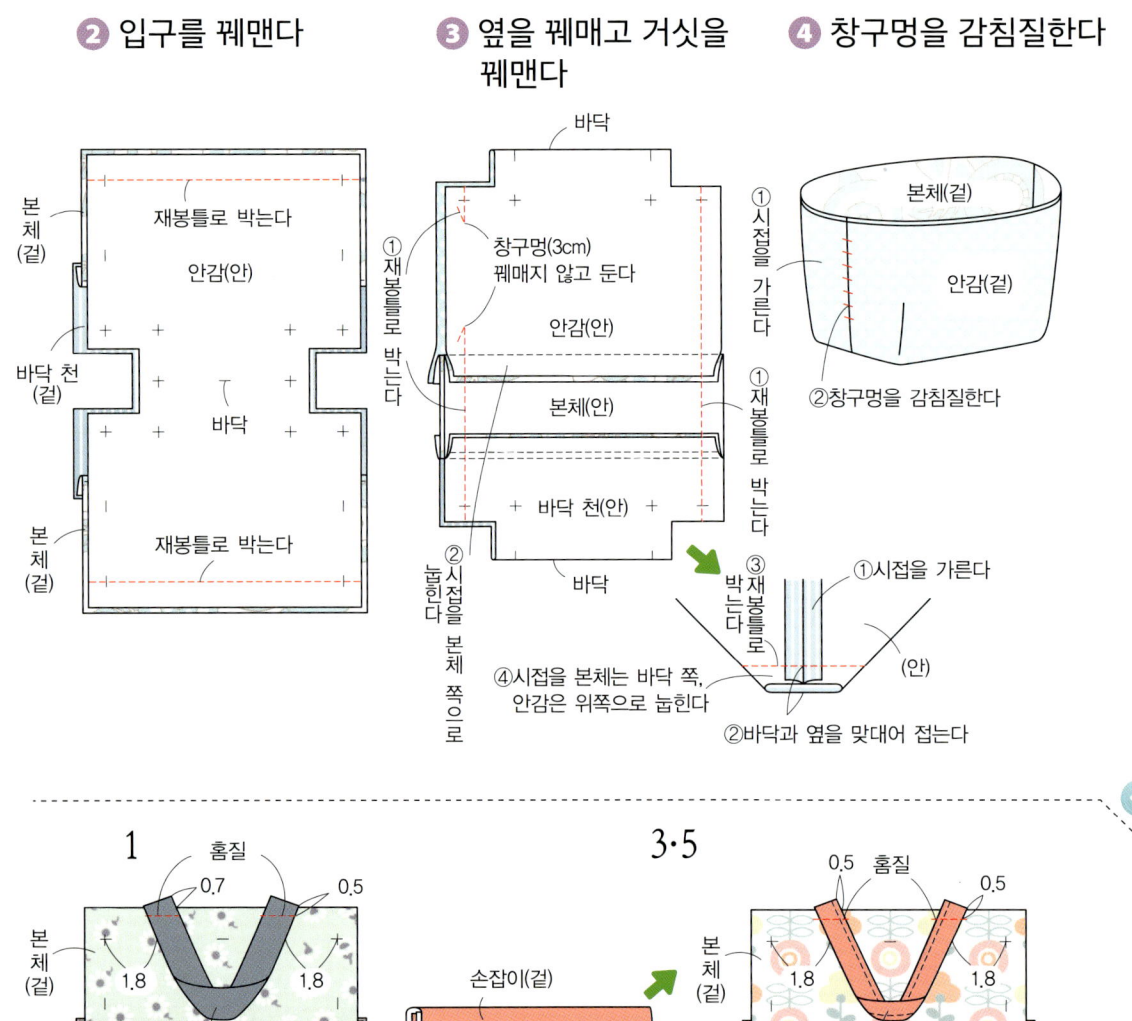

❺ 가죽끈을 리벳으로 고정한다 (2·4만)

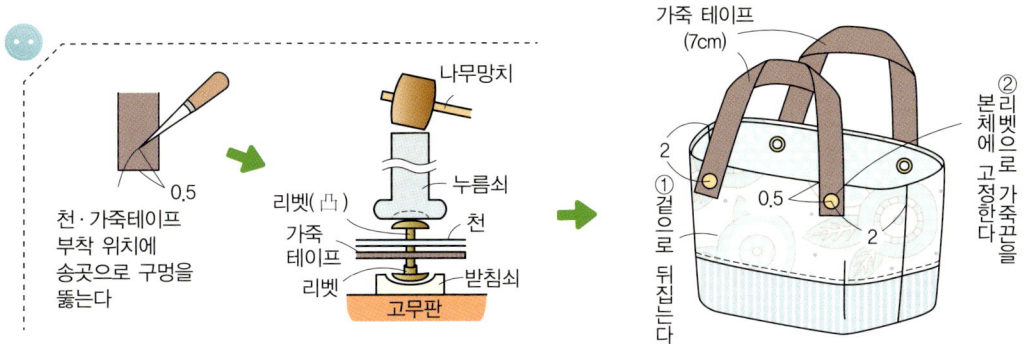

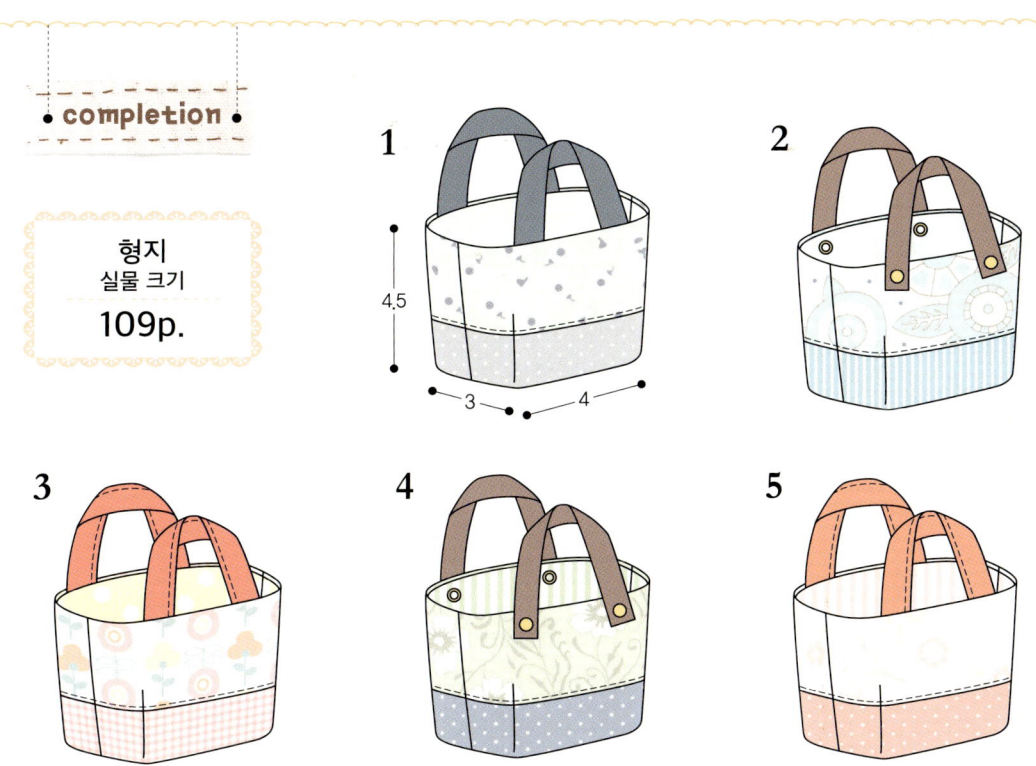

• completion •

형지
실물 크기
109p.

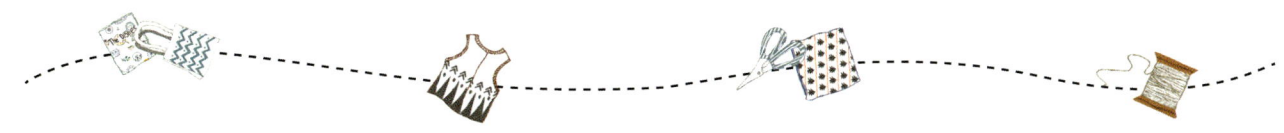

마린 토트백
(6~8번까지)

크기: 가로 4㎝×세로 4.5㎝×폭 3㎝

마린풍의 천과 손잡이의 아일릿이 귀여운 토트백.
단면이 둥근 끈으로 만든 튜브와 닻 장식을 더해 꾸며줘요.

how to make

✿ 6재료
a천(목면 프린트) 폭 9㎝×9㎝
b천(목면 보더) 폭 9㎝×8㎝
c천(목면 무지) 폭 9㎝×14㎝
단면이 둥근 끈(굵기 0.4㎝) 36㎝
새틴리본 폭 0.4㎝×8㎝
아일릿(안지름 0.4㎝) 4쌍
C링(0.8㎝×0.6㎝) 1개
수예용 본드

✿ 8재료
a천(목면 스트라이프) 폭 9㎝×9㎝
b천(목면 프린트) 폭 9㎝×8㎝
c천(목면 무지) 폭 9㎝×14㎝
단면이 둥근 끈(굵기 0.4㎝) 30㎝
물결테이프 폭 0.2㎝×18㎝
아일릿(안지름 0.4㎝) 4쌍
볼 체인(커넥터 포함 두께 0.15㎝) 5㎝
참(닻 모양) 1개
O링(0.5㎝) 1개
수예용 본드

✿ 7재료
a천(목면 스트라이프) 폭 9㎝×9㎝
b천(목면 프린트) 폭 9㎝×8㎝
c천(목면 무지) 폭 9㎝×14㎝
d천(목면 프린트) 폭 2㎝×2㎝
단면이 둥근 끈(굵기 0.4㎝) 30㎝
물결테이프 폭 0.2㎝×18㎝
아일릿(안지름 0.4㎝) 4쌍
수예용 본드

❶ 본체와 바닥 천을 맞대어 꿰맨다

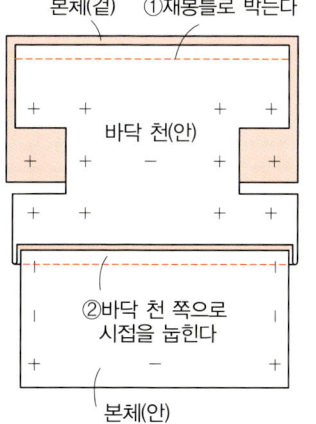

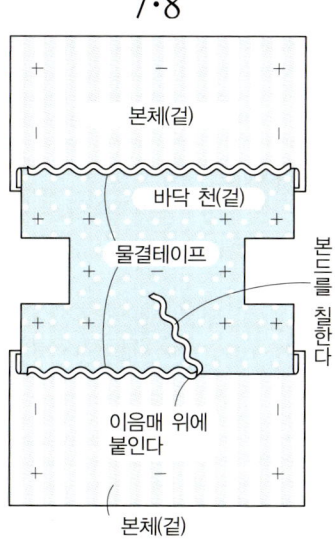

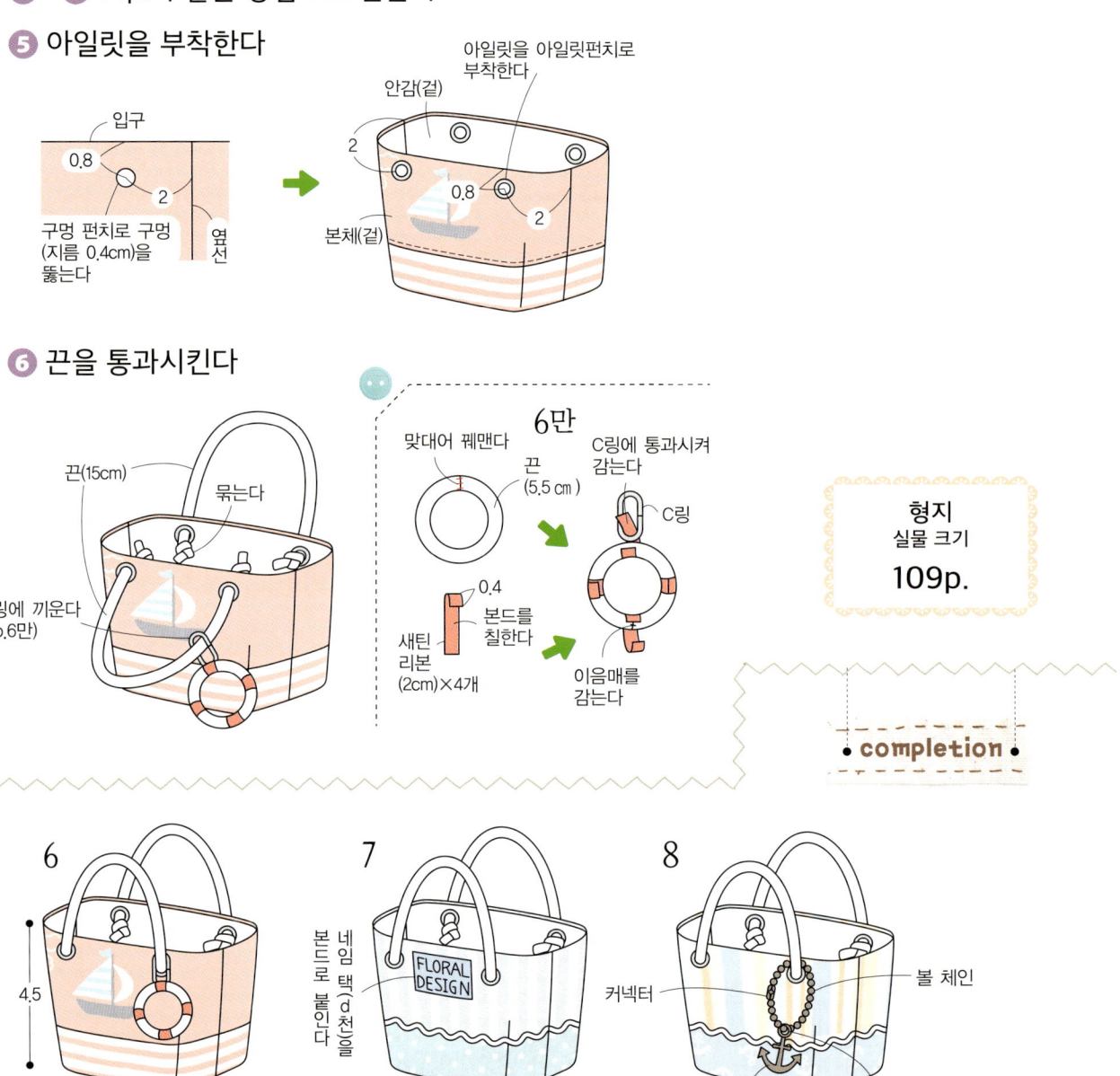

✿ **마린 토트백**(6, 7, 8)
크기: 가로 4cm×세로 4.5cm×폭 3cm
전체적으로 동그란 모양이 귀여워요.

덮개 달린 사다리꼴 핸드백과 주머니가 있는 백
(9~12번까지)

크기: 가로 6㎝×세로 3.5㎝×폭 3㎝

사다리꼴 모양의 사랑스런 핸드백 2종. no.9와 no.10은 덮개와 비즈를 달았고, no.11과 no.12는 주머니를 달고 감색 리본과 손잡이로 포인트를 주었습니다.

❁ 9재료
겉감(목면 스트라이프) 폭 17㎝×11㎝
안감(목면 무지) 폭 13㎝×11㎝
네 가닥으로 땋은 가죽끈 폭 0.6㎝×10㎝
(가죽끈 4줄로 네줄땋기를 한 가죽 체인이 있는 모양입니다.)
둥근 비즈(0.8㎝) 1개
똑딱단추(0.8㎝) 1쌍

❁ 10재료
겉감(목면 프린트) 17㎝×11㎝
안감(목면 무지) 13㎝×11㎝
라메테이프 0.6㎝×10㎝
펄비즈(0.5㎝) 1개
똑딱단추(0.8㎝) 1쌍

❁ 11재료
겉감(목면 프린트) 폭 13㎝×11㎝
배색 천(목면 프린트) 폭 5㎝×6㎝
안감(목면 무지) 폭 13㎝×11㎝
벨벳리본 폭 1.4㎝×14㎝
새틴리본 폭 0.4㎝×7㎝

❁ 12재료
겉감(목면 프린트) 폭 13㎝×11㎝
배색 천(목면 스트라이프) 폭 5㎝×6㎝
안감(마무지) 폭 13㎝×11㎝
벨벳리본 폭 1.4㎝×14㎝
새틴리본 폭 0.4㎝×7㎝

주머니도 진짜 백과 똑같아요.

❶ 옆판을 단다

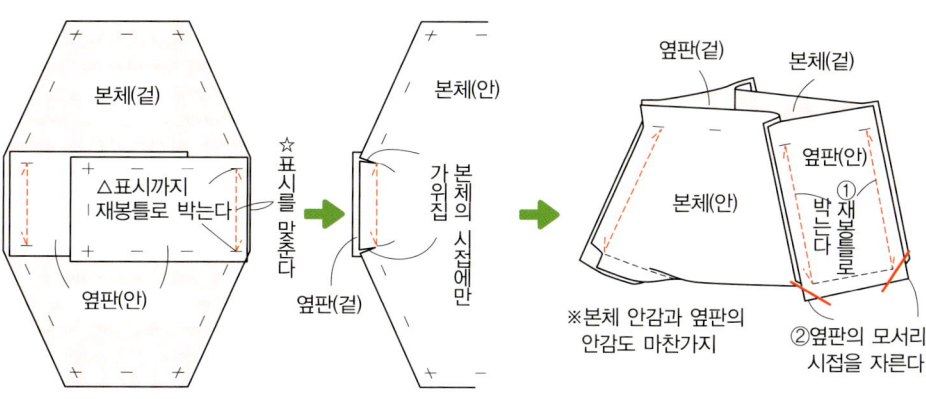

21

❷ 덮개를 만든다

- 덮개(겉)
- ②가위집
- ①재봉틀로 박는다
- 덮개(안)
- 겉으로 뒤집는다
- 덮개(겉)
- 덮개(안)
- 테이프(10cm)를 옆판 중앙에 맞춘다
- 0.3
- ①겉으로 뒤집는다
- 본체(겉)
- 덮개(겉)
- ②홈질
- 옆판(겉)

❸ 입구를 꿰맨다

- ②본체 안감과 옆판의 안감을 안에 겹친다
- ⑤똑딱단추(凹)를 단다
- ④덮개와 본체도 디자 감치기
- 옆판 안감걸
- ①입구의 시접을 접는다
- ③디자 감치기
- 본체(겉)
- ⑥똑딱단추(凸)를 단다
- 옆판(겉)

how to make 11 · 12

completion

❶ 주머니를 단다

- ①주머니 입구에서 접는다
- 주머니 입구
- 시접을 접는다
- 주머니(겉)
- ②시접을 접는다
- 주머니(겉)

- 주머니 입구
- 1
- 주머니(겉)
- 0.2 재봉틀
- 본체(겉)

- 0.2 재봉틀로 박는다
- ①벨벳리본(7cm)을 반으로 접는다

❸ 손잡이를 단다

❷ 옆판을 단다 (9·10과 마찬가지)
- 홈질
- 0.3
- 옆판(겉)
- 본체(겉)

❹ 입구를 꿰맨다

10 펄 비즈를 단다
3.5 — 6 — 2.2

9 둥근 비즈를 단다

11 0.8 / 0.5 / 1.2
새틴리본(7cm)을 묶은 후 꿰매 단다

12 0.5

형지 실물 크기 **109p.**

22

거싯이 있는 직사각형 토트백
(13~16번까지)

크기: 가로 4.8cm×세로 3.3cm×폭 2.2cm

검정을 기본으로 화려한 색상의 천을 조합시킨 캐주얼한 분위기의 직사각형 토트백.
손잡이는 천과 리본, 가죽테이프 등 취향에 맞는 소재를 선택합니다.

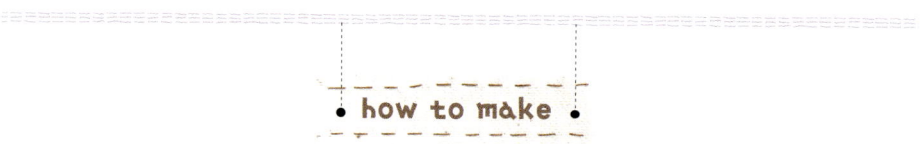

❀ **13재료**
겉감(목면 프린트) 폭 10cm×11cm
배색 천(목면 프린트) 폭 7cm×5cm
안감(목면 무지) 폭 8cm×11cm
능직테이프 폭 1.1cm×14cm

❀ **14재료**
겉감(목면 프린트) 폭 10cm×11cm
배색 천(목면 스트라이프) 폭 7cm×5cm
안감(목면 무지) 폭 8cm×11cm
그로그랭 리본 폭 1cm×16cm

❀ **15재료**
겉감(목면 무지) 폭 10cm×11cm
배색 천(목면 프린트) 폭 7cm×5cm
안감(목면 스트라이프) 폭 8cm×11cm
벨벳리본 폭 1.4cm×14cm
케미컬레이스 폭 1.9cm×5cm

❀ **16재료**
겉감(목면 프린트) 폭 7cm×11cm
배색 천 A(목면 프린트) 폭 7cm×5cm
배색 천 B(목면 무지) 폭 7cm×5cm
안감(목면 무지) 폭 8cm×11cm
가죽테이프 폭 0.7cm×11cm
리벳(0.4cm) 4쌍

옆면에 주머니가 달려 있어요.

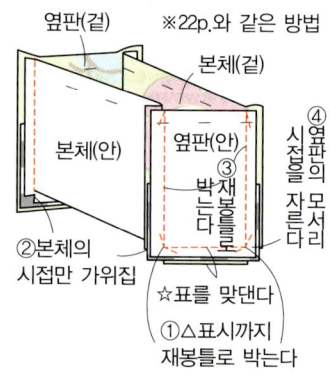

❶ 주머니를 달고 옆판을 단다

직사각형 심플백
(17~19번까지)

17·18: 가로 4.5cm×세로 6.5cm
19: 가로 6.5cm×세로 5cm

초보자도 만들기 쉬운 납작한 심플백입니다. 세로로 기다란 모양의 가방은 리본으로 포인트를 주었고,
가로로 기다란 모양의 가방은 2단으로 하여 꽃장식 레이스를 곁들였습니다.

17·18

❋ **17재료**
겉감(목면 프린트) 폭 7cm×15cm
배색 천(목면 프린트) 폭 9cm×10cm
안감(목면 프린트) 폭 7cm×15cm
케미컬레이스 폭 1.1cm×10cm
리본 장식(2.2cm×1.2cm) 1개

❋ **18재료**
겉감(목면 프린트) 폭 7cm×15cm
배색 천(목면 스트라이프)
폭 9cm×10cm
안감(목편 프린트) 폭 7cm×15cm
케미컬레이스 폭 1.1cm×10cm
리본 장식(2.2cm×1.2cm) 1개

❶ 손잡이를 만든다

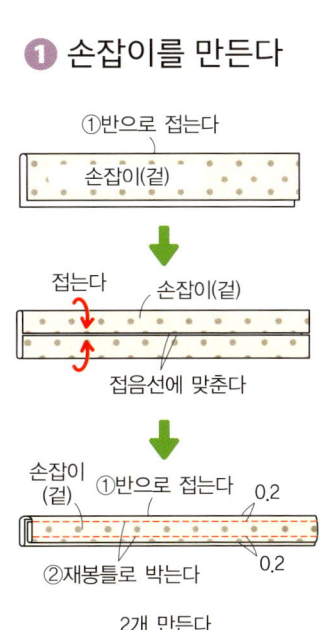

❷ 아플리케·레이스·손잡이를 단다

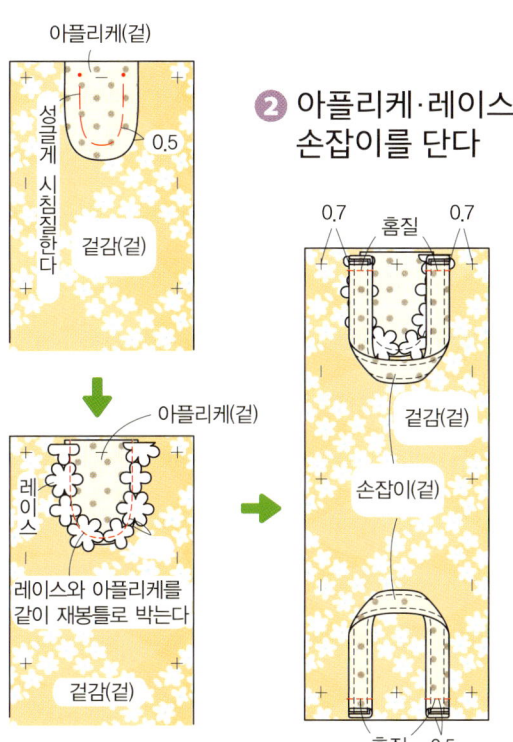

19재료
- 겉감(목면 프린트) 폭 8cm×12cm
- 배색 천(목면 스트라이프) 폭 8cm×9cm
- 안감(목면 프린트) 폭 8cm×12cm
- 케미컬레이스 폭 1.1cm×16cm
- 새틴리본 폭 0.6cm×12cm
- 레이스 장식 A(1cm) 2개
- 레이스 장식 B(0.8cm) 2개
- 비즈 A(0.4cm×0.3cm 대추 모양) 2개
- 비즈 B(0.3cm×0.2cm 대추 모양) 1개
- 플라스틱제 꽃장식(1cm) 1개

형지 실물 크기 111p.

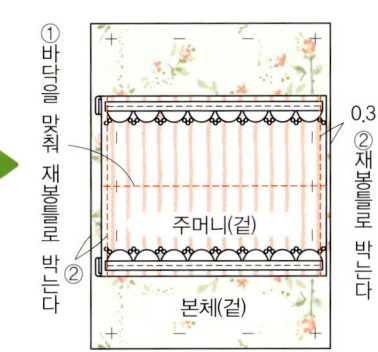

❸ 손잡이를 단다

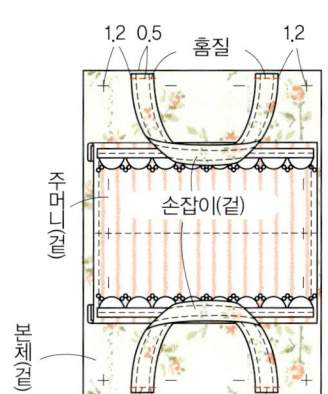

❹ 입구를 꿰맨다(28p.와 동일)

❺ 옆을 꿰매고 창구멍을 막는다 (28p.와 동일)

❻ 레이스 장식·비즈·꽃장식을 단다

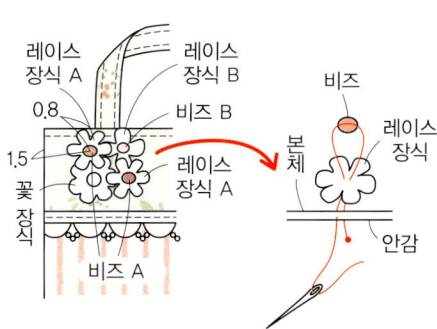

completion

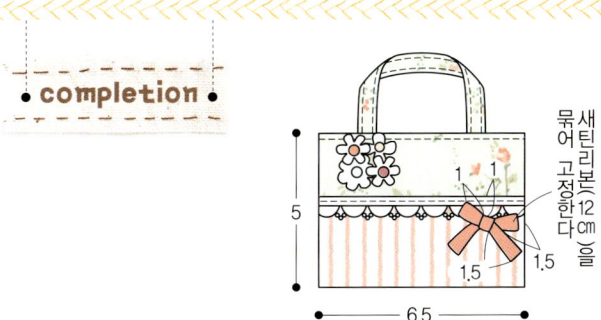

20　　　　　　　　21　　　　　　　　22

레이스와 리본으로 장식한 심플백
(20~22번까지)
크기: 가로 6.3cm×세로 5.5cm

리본과 레이스가 귀여운 심플백은 전체적으로 둥근 사다리꼴 모양이 포인트입니다. 손잡이에 가는 가죽끈을 사용해 여성스러운 이미지를 줍니다. 리본은 천에 어울리는 색깔로 선택하세요.

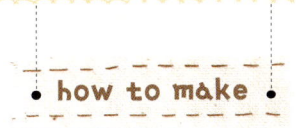

20재료
겉감(목면 프린트) 폭 18cm×8cm
안감(목면 프린트) 폭 18cm×8cm
레이스 폭 1.1cm×15cm
새틴리본 폭 0.3cm×20cm
가죽끈(굵기 0.2cm) 16cm

21재료
겉감(목면 프린트) 폭 18cm×8cm
안감(목면 프린트) 폭 18cm×8cm
레이스 폭 1.1cm×15cm
새틴리본 폭 0.3cm×20cm
가죽끈(굵기 0.2cm) 16cm

22재료
겉감(목면 프린트) 폭 18cm×8cm
안감(목면 프린트) 폭 18cm×8cm
레이스 폭 1.1cm×15cm
새틴리본 폭 0.3cm×20cm
가죽끈(굵기 0.2cm) 16cm

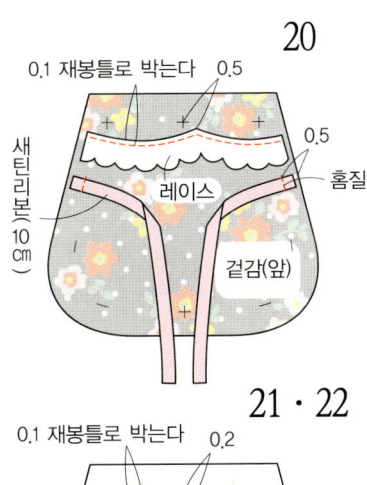

❶ 레이스 · 리본을 단다

➡ 액세서리 주머니로 어울려요.

❷ 옆 · 바닥을 꿰매고, 가죽 끈을 단다

❸ 입구를 꿰맨다

completion

형지
실물 크기
113p.

21

22

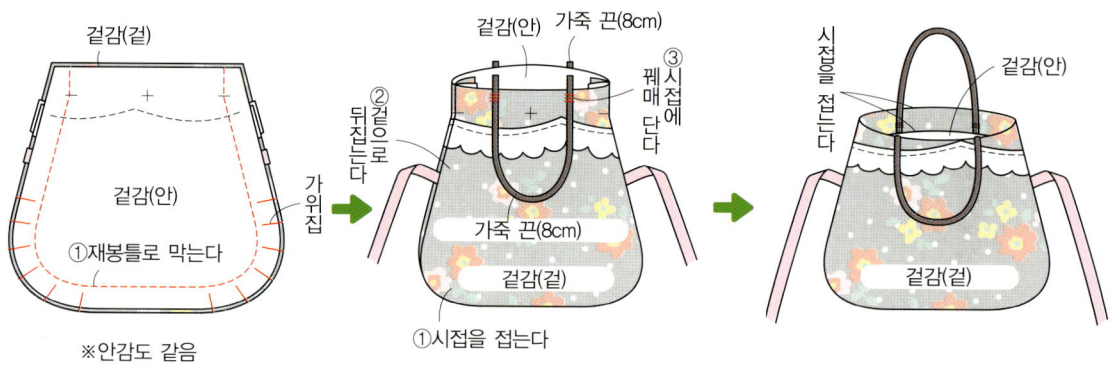

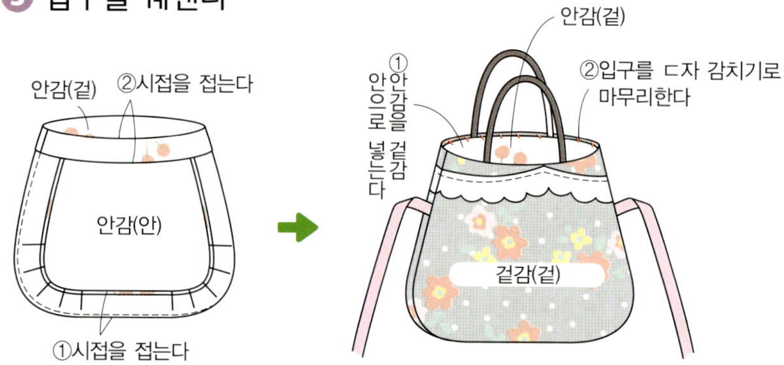

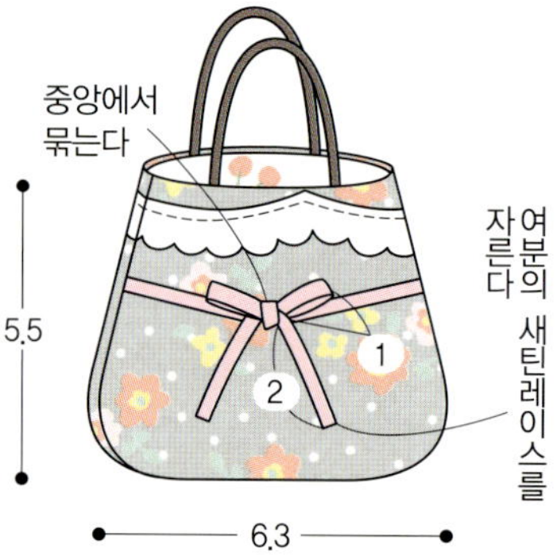

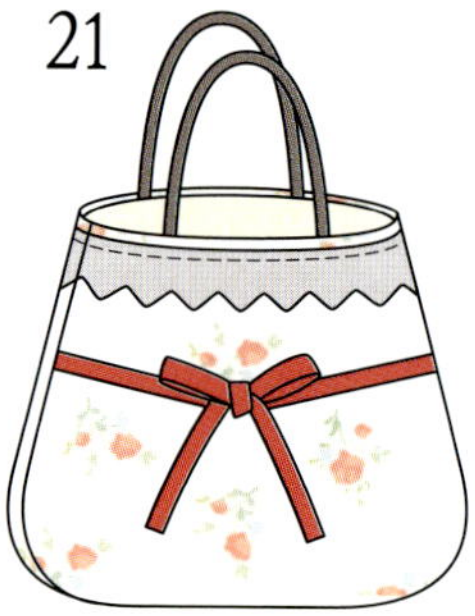

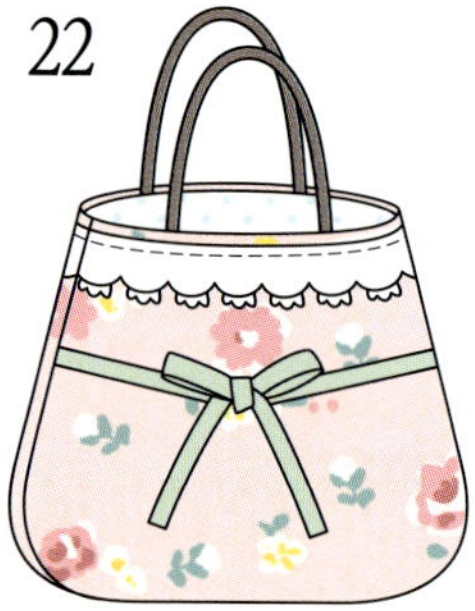

가장자리 장식의 버킷백
(23~25번까지)

크기: 가로 4㎝×세로 5㎝×폭 3㎝

가장자리 장식 천이 세련된 버킷백은 거싯을 만들어 많은 내용물을 담을 수 있습니다.
튼튼한 면 소재와 가죽 손잡이가 잘 어울리는 실용적인 백으로,
색상을 달리해 많이 만들고 싶은 디자인입니다.

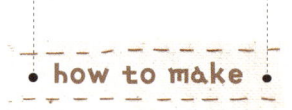

✿ 23재료
겉감(목면 프린트) 폭 8㎝×13㎝
배색 천(목면 스트라이프) 폭 8㎝×17㎝
가죽테이프 폭 0.7㎝×11㎝
리벳(지름 0.5㎝) 2쌍

✿ 24재료
겉감(목면 프린트) 폭 16㎝×7㎝
배색 천 A(목면 스트라이프) 폭 8㎝×17㎝
배색 천 B(목면 프린트) 폭 1.5㎝×2㎝
가죽테이프 폭 0.7㎝×11㎝
리벳(지름 0.5㎝) 2쌍

✿ 25재료
겉감(목면) 폭 8㎝×13㎝
배색 천 A(목면 스트라이프) 폭 8㎝×17㎝
배색 천 B(목면 프린트) 폭 4㎝×1.5㎝
양면접착시트 폭 4㎝×1.5㎝
가죽테이프 폭 0.8㎝×11㎝
리벳(지름 0.5㎝) 2쌍

➡ 리벳과 택(tag)이 포인트

❶ 본체를 꿰맨다

※no.25의 네임 택은 양면접착시트를 사이에 끼워 다리미로 붙인다.

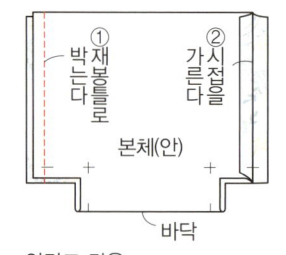

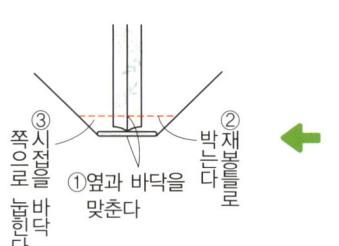

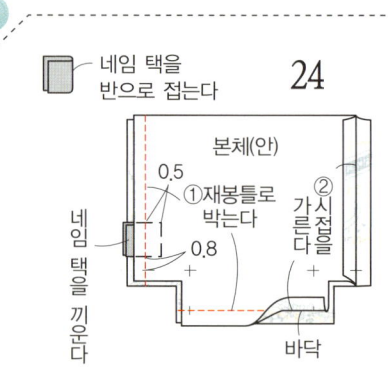

❷ 입구를 꿰맨다

❸ 가죽테이프를 리벳으로 고정한다

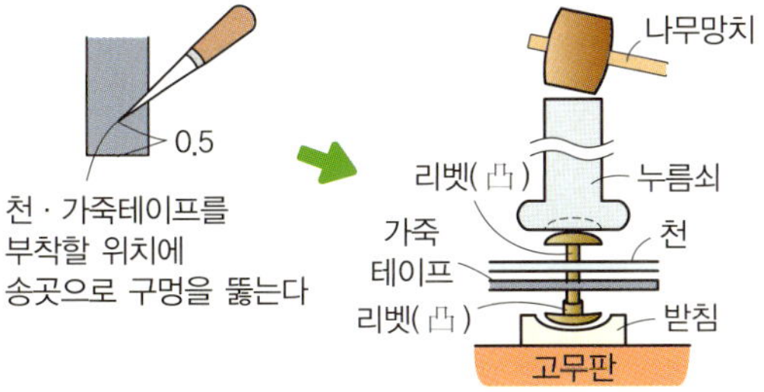

> 형지
> 실물 크기
> **115p.**

· completion ·

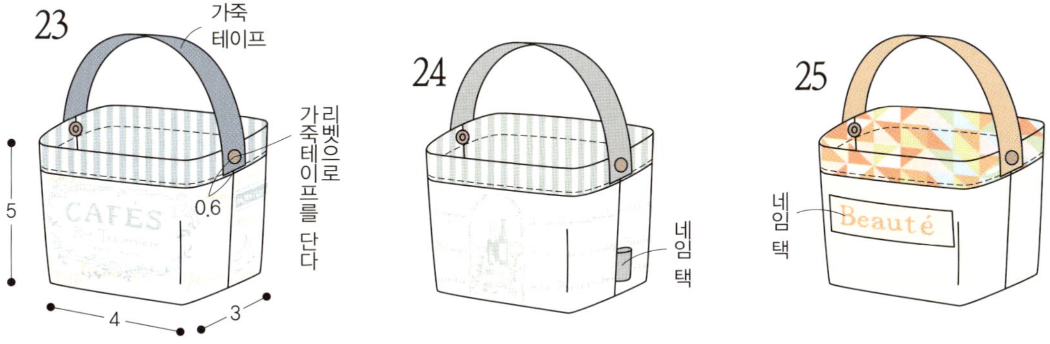

26
27
28

둥근 바닥 2단 버킷백
(26~28번까지)

크기: 세로 5.2㎝×바닥 지름 4.8㎝

부드러운 촉감의 면 소재로 만든 둥근 바닥의 버킷백. 다른 두 종류의 천을 핸드스티치로 이어 소박한 분위기를 만들어냅니다. 보기보다 부피가 있어서 과자나 열쇠를 넣어도 좋아요.

· how to make ·

❀ 26재료
겉감(목면 체크) 폭 17㎝×14㎝
배색 천(목면 무지) 폭 11㎝×8㎝
안감(목면 스트라이프) 폭 17㎝×15㎝
단추(지름 0.7㎝) 1개
스티치실

❀ 27재료
겉감(목면 스트라이프) 폭 11㎝×8㎝
배색 천 A(목면 프린트) 폭 11㎝×8㎝
배색 천 B(목면 무지) 폭 6㎝×12.5㎝
안감(목면 프린트) 폭 17㎝×15㎝
단추(지름 0.7㎝) 1개

❀ 28재료
겉감(목면 프린트) 폭 11㎝×8㎝
배색 천(목면 무지) 폭 17㎝×14㎝
안감(목면 스트라이프) 폭 17㎝×15㎝
단추(지름 0.7㎝) 1개
스티치실

➭ 손잡이에는 단추로 악센트를 줘요.

➭ no.27의 이음매는 천의 식서를 사용해요.

① 손잡이를 만든다

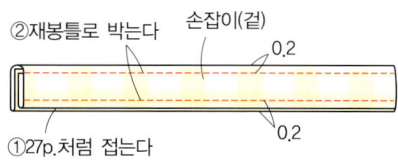

②재봉틀로 박는다
손잡이(겉)
0.2
①27p.처럼 접는다
0.2

② 본체를 꿰맨다

26·28

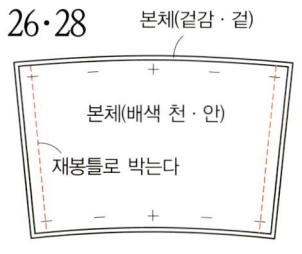

본체(겉감·겉)
본체(배색 천·안)
재봉틀로 박는다

※안감도 같은 방법으로 박고 시접을 가른다

2 PART

다양한 소재를 매치해서
머스트 해브
아이템 만들기

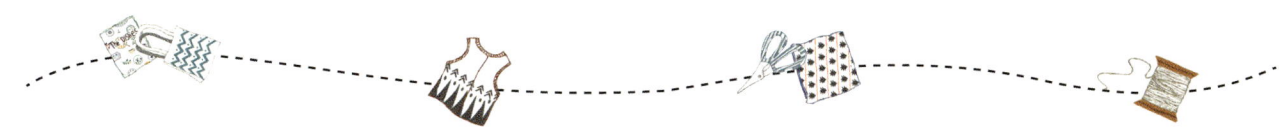

가죽 덮개가 있는 백
(29~31번까지)

크기: 가로 5㎝×세로 4.5㎝×폭 2㎝

가죽 덮개와 세련된 색상의 본체가 진짜 가방처럼 느껴집니다.
벨트와 장식술의 섬세한 묘사가 놀랍습니다.
금속 부품으로 가방에 달거나 가죽끈을 연결해 목걸이로 활용할 수 있습니다.

how to make

❀ 29 · 30 · 31 공통 재료(1개분)
솔트레지(머리 크기 0.4㎝)
왁스실
고무풀

❀ 29재료
겉감(목면 프린트) 폭 9㎝×13㎝
안감(목면 프린트) 폭 9㎝×13㎝
가죽 16㎝×9㎝
백 참(bag charm) 길이 12㎝ 1개

❀ 30재료
겉감(면마 슬라브스트라이프) 폭 9㎝×13㎝
안감(목면 프린트) 폭 9㎝×13㎝
가죽 8㎝×8㎝
미니버클(사각형 안지름 0.5㎝) 2개
가죽끈 폭 0.2㎝×0.1㎝
참(타원형) 1개
O링(0.6㎝) 1개

❀ 31재료
겉감(목면 프린트) 폭 9㎝×13㎝
안감(목면 프린트) 폭 9㎝×13㎝
가죽 A 16㎝×8㎝
가죽 B 1.8㎝×0.9㎝
미니버클(사각형 안지름 0.5㎝) 2개
볼 체인(커넥터 포함 굵기 0.15㎝) 6㎝
참(제비 모양) 1개
O링(0.7㎝) 1개

❶ 본체를 만든다 (14p.와 동일)

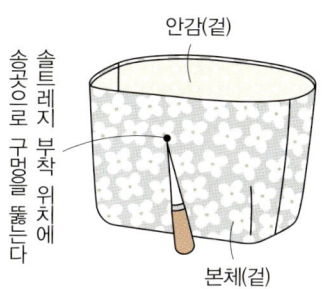

솔트레지 부착 방법

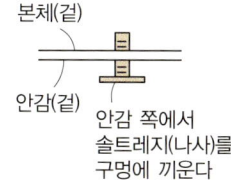

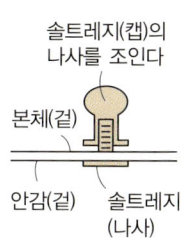

➡ 하나라도 존재감 있는 디자인

➡ 솔트레지(끝이 둥근 쇠장식)로 여닫을 수 있어요.

❷ 덮개를 단다

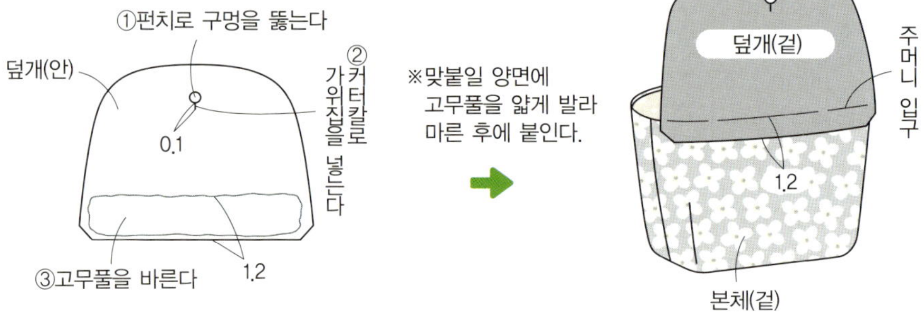

①펀치로 구멍을 뚫는다
덮개(안)
②가위터칼로 가위집을 넣는다
0.1
③고무풀을 바른다
1.2

※맞붙일 양면에 고무풀을 얇게 발라 마른 후에 붙인다.

등쪽에 덮개를 단다
덮개(겉)
주머니 입구
1.2
본체(겉)

30 · 31

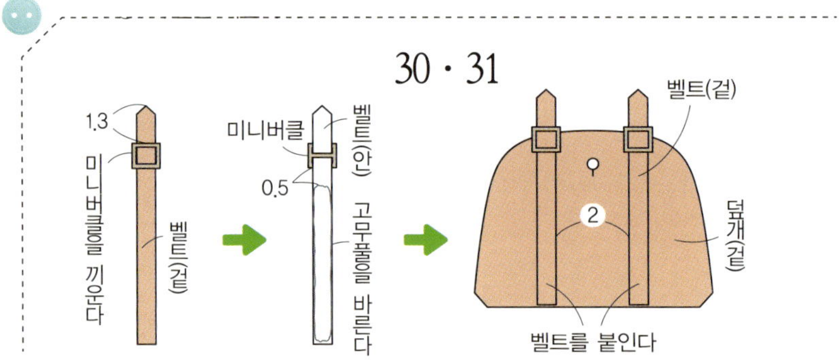

1.3
미니버클을 끼운다
벨트(겉)

미니버클
벨트(안)
0.5
고무풀을 바른다

벨트(겉)
덮개(겉)
2
벨트를 붙인다

고무풀을 얇게 발라 말린다(2개)
손잡이(안)

②송곳으로 구멍을 뚫는다
손잡이(겉)
①손잡이의 안끼리 맞대어 붙인다

덮개(안)
손잡이(겉)
왁스실로 꿰매 단다
1.8
솔트레지
본체(겉)

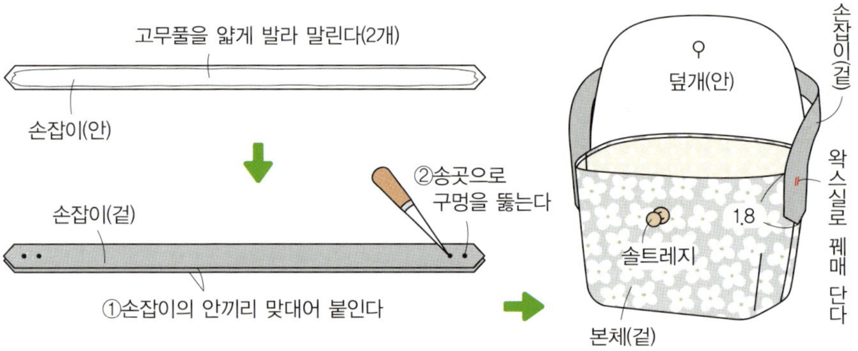

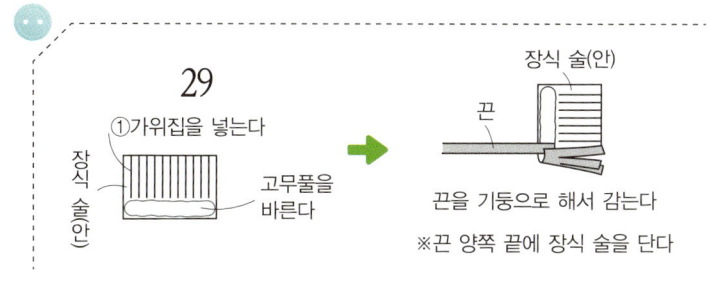

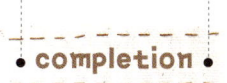

형지
실물 크기
113p.

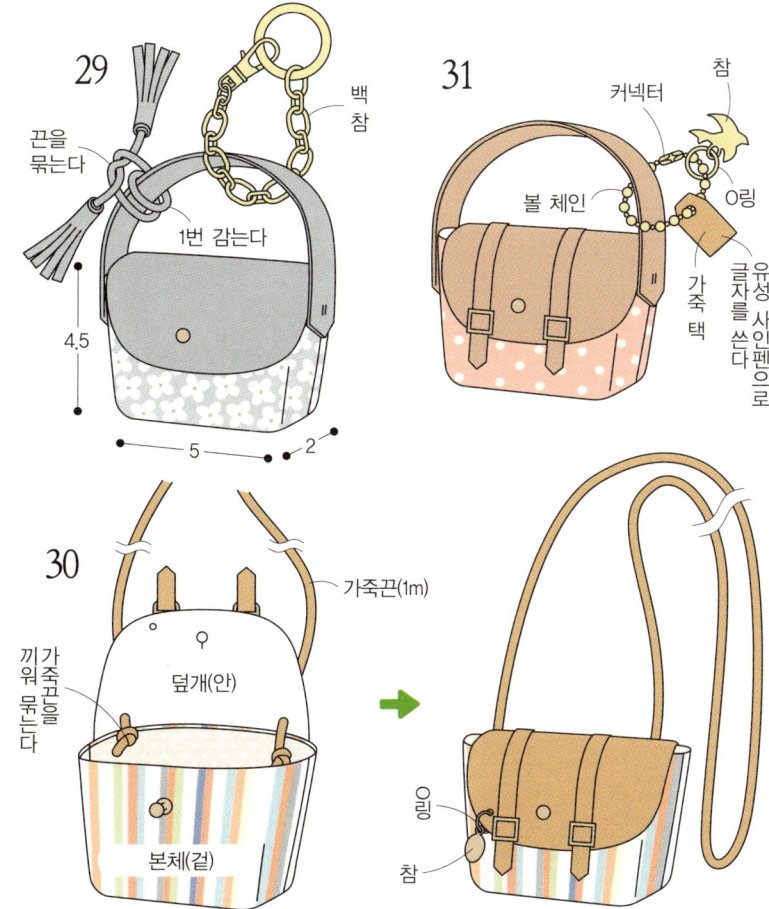

체인 손잡이 핸드백
(32~35번까지)

크기: 가로 3.8㎝×세로 3㎝×폭 1㎝

체인에 리본을 통과시켜 손잡이로 만든, 덮개 달린 핸드백. no.32와 no.33번은 트위드 소재와 레이스를 사용해 여성스럽게, no.34와 no.35는 버클을 달아 복고풍으로 완성했습니다.

• how to make •

❁ **32~35 공통 재료(1개분)**
겉감(32·33 트위드 34·35 면마 프린트)
폭 8cm×13cm
안감(목면 프린트) 폭 8cm×13cm
접착심 폭 8cm×13cm
똑딱단추(0.4cm) 1쌍
체인 폭 0.4cm×7.5cm

❁ **32재료**
새틴리본 폭 0.3cm×8.5cm
펄 비즈 A(0.4cm) 1개
펄 비즈 B(0.2cm) 8개

❁ **33재료**
새틴리본 폭 0.3cm×13.5cm
토션레이스 폭 2.5cm×11cm

❁ **34·35재료**
피그 스웨이드 폭 2cm×13.5cm
미니버클(원형·안쪽 지름 0.9cm) 1개
수예용 본드

❶ 덮개를 만든다

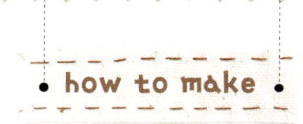

❷ 본체와 거싯을 마주대어 꿰맨다

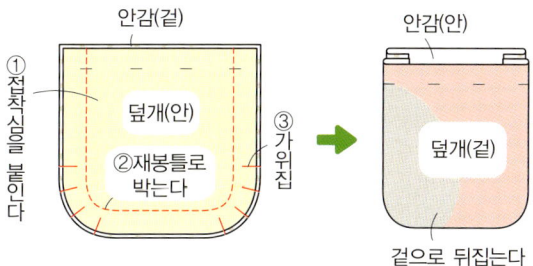

❸ 손잡이를 만든다

no.32·33
새틴리본(8.5cm)
no.34·35
리본(피그 스웨이드)을 통과시킨다

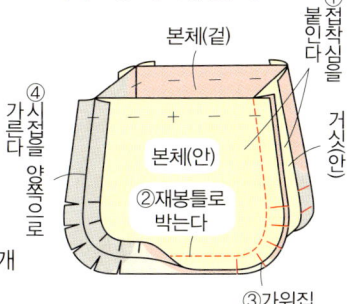

체인(7.5cm)

33만

덮개 안감(안)
레이스로 감싼다
덮개 겉감(겉)
레이스(겉)
0.2
재봉틀로 박는다
접음선

본체 1장에 레이스를 단다

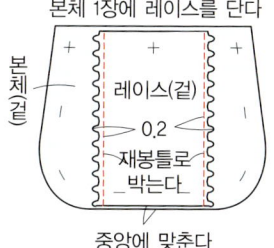

본체(겉)
레이스(겉)
0.2
재봉틀로 박는다
중앙에 맞춘다

❹ 덮개 · 손잡이를 단다

❺ 입구를 꿰맨다

completion

32

33

34 · 35

형지
실물 크기
115p.

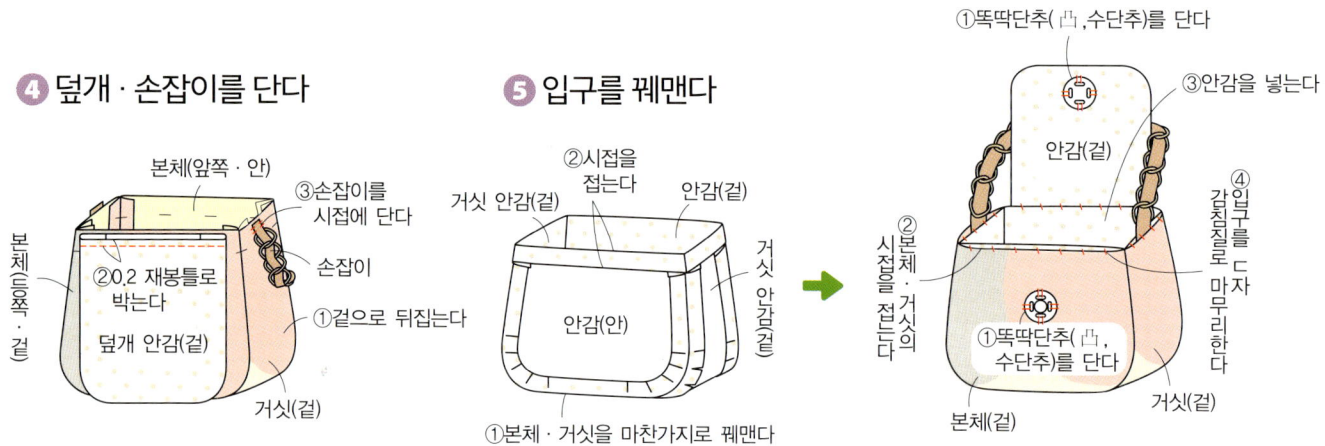

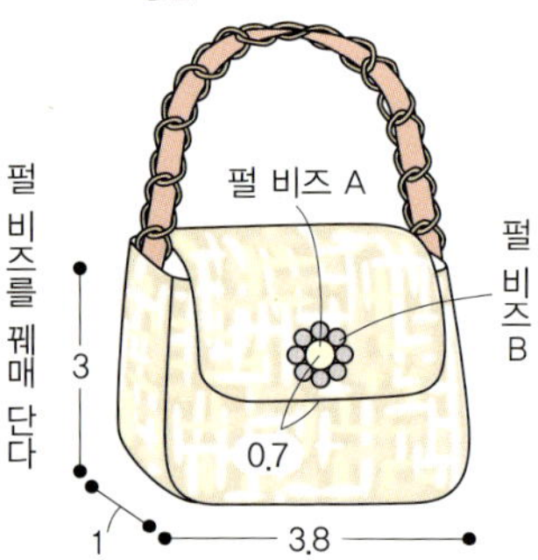

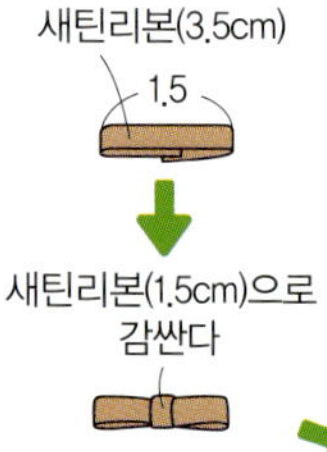

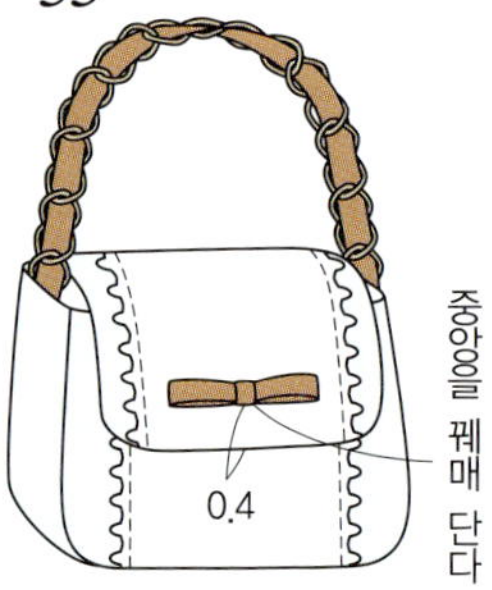

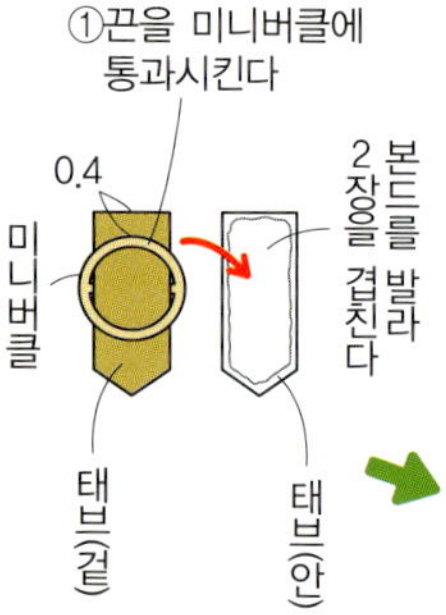

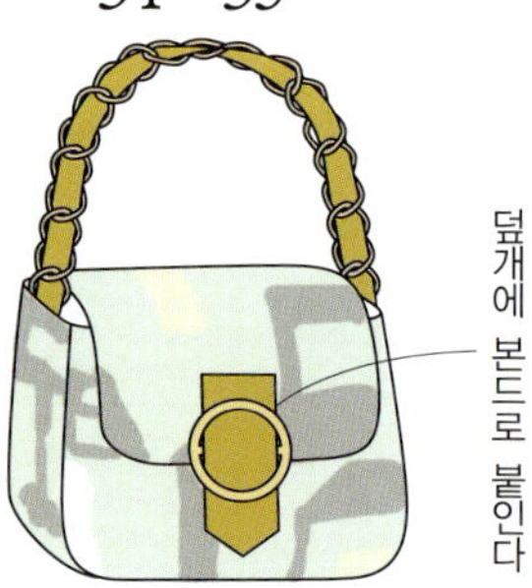

36

37

38

손잡이가 달린 그래니백
(36~38번까지)
크기: 가로 5cm×세로 3cm

복고풍의 그래니백은 두 종류의 천을 매치했습니다.
액세서리용 아크릴 링을 손잡이로 사용합니다.

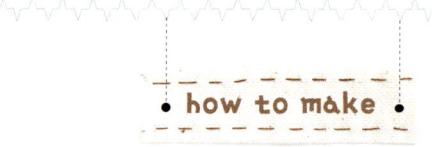

❀ **36재료**
a천(레이온 프린트) 폭 15cm×14cm
b천(마 프린트) 폭 7cm×6cm
아크릴 링(타원형 3.1cm×2.1cm 크림색) 2개

❀ **37재료**
a천(레이온 프린트) 폭 15cm×14cm
b천(마 프린트) 폭 7cm×6cm
아크릴 링(타원형 3.1cm×2.1cm 크림색) 2개

❀ **38재료**
a천(폴리에스테르 프린트) 폭 15cm×14cm
b천(목면 프린트) 폭 7cm×6cm
아크릴 링(타원형 3.1cm×2.1cm 검정) 2개

1 본체와 바닥 천을 맞대어 꿰맨다

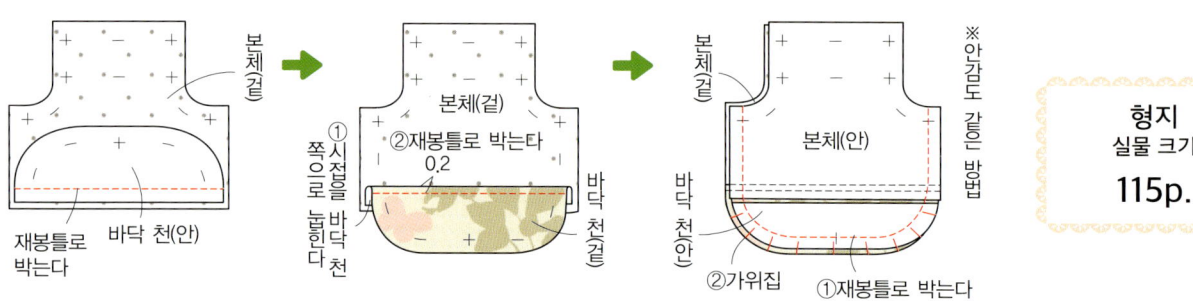

형지
실물 크기
115p.

❷ 입구를 꿰매고 링을 단다

completion

36

37

38

개더백
(39~41번까지)

크기: 가로 약 6.5cm×세로 약 5cm×폭 약 2.5cm

주름과 화려한 색상이 어울리는 백은 한 개만 있어도 존재감을 주는 디자인입니다.
리본과 꽃장식, 단추, 비즈 등을 더해주어 사랑스럽게 꾸밀 수 있습니다.

❁ 39재료
겉감(목면 스트라이프) 폭 10cm×11cm
배색 천(목면 프린트) 폭 6cm×25cm
안감(목면 프린트) 폭 2cm×25cm
토션레이스 폭 1cm×11cm
리본장식(2.2cm×1.2cm) 1개
코튼 펄(0.8cm) 1개

❁ 40재료
겉감(목면 프린트) 폭 6cm×11cm
배색 천(목면 프린트) 폭 6cm×25cm
안감(목면 프린트) 폭 2cm×25cm
티롤리안 테이프 폭 0.7cm×30cm
토션레이스 폭 1.2cm×12cm
꽃무늬 단추(지름 1.5cm) 1개
수예용 본드

❁ 41재료
겉감(목면 프린트) 폭 10cm×11cm
배색 천(목면 프린트) 폭 6cm×25cm
안감(목면 프린트) 폭 12cm×25cm
토션레이스 폭 0.9cm×9cm
꽃장식(1.5cm 보라색·크림색) 각 1개
비즈(0.8cm) 1개

① 본체에 레이스·테이프를 단다 (39·40)

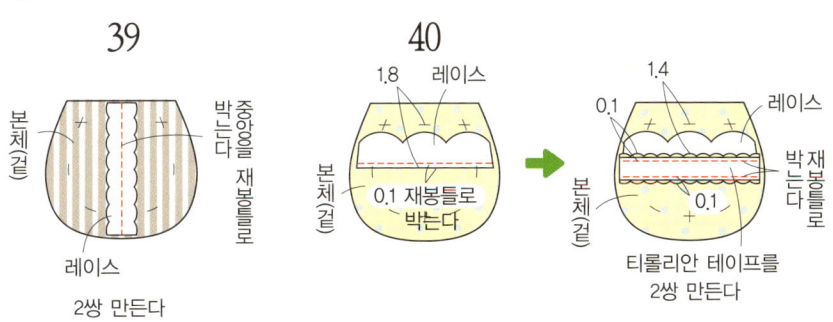

② 겉거싯에 주름을 잡는다

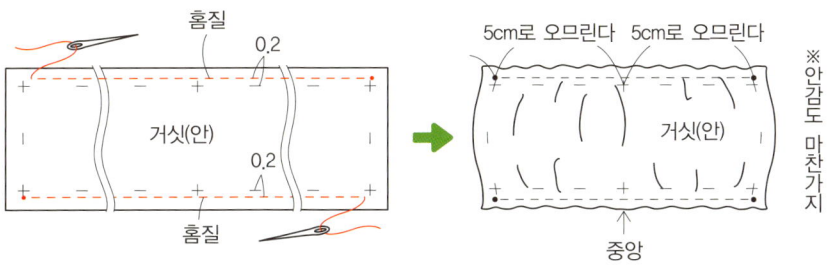

❸ 손잡이를 만든다

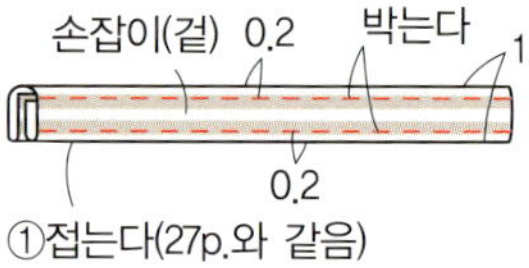

39
- 손잡이(겉) 0.2
- ②재봉틀로 박는다
- 0.2 1
- ①접는다(27p.와 같음)

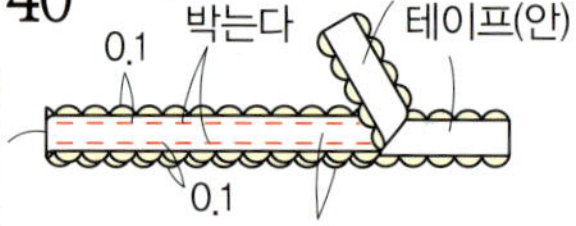

40
- ②재봉틀로 박는다
- 티롤리안 테이프(안)
- 0.1
- 0.1
- 반으로 접는다
- ①티롤리안 테이프(18cm)를 반으로 접어 본드로 붙인다

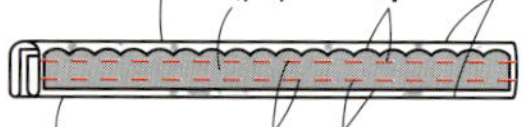

41
- 손잡이(겉)
- 레이스 0.1 1
- ②재봉틀로 박는다
- 0.1
- ①접는다

❹ 본체와 거싯을 꿰맨다

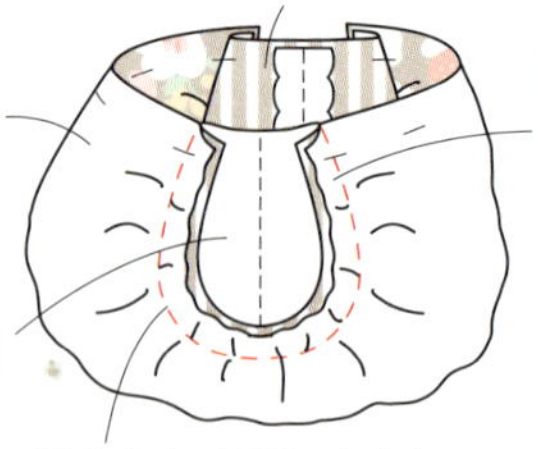

- 본체(겉)
- 거싯(안)
- 본체(안)
- ①본체와 거싯을 맞대어 재봉틀로 박는다
- ②시접을 본체 쪽으로 눕힌다
- ※본체 안감과 거싯 안감도 마찬가지

❺ 입구를 접는다

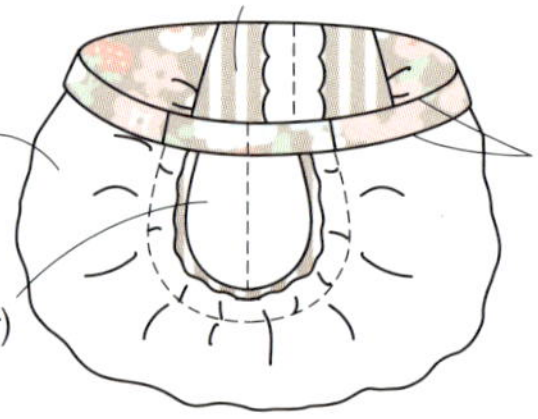

- 본체(겉)
- 거싯(안)
- 본체(안)
- ※본체 안감과 거싯 안감도 마찬가지 시접을 박는다

❻ 입구를 꿰맨다

- ③입구를 ㄷ자 감침질로 마무리한다
- ②손잡이를 끼운다
- 손잡이(겉)
- 안감(겉)
- 거싯(겉)
- 0.8
- 본체(겉)
- ①본체를 겉으로 뒤집고, 안감을 안에 겹친다

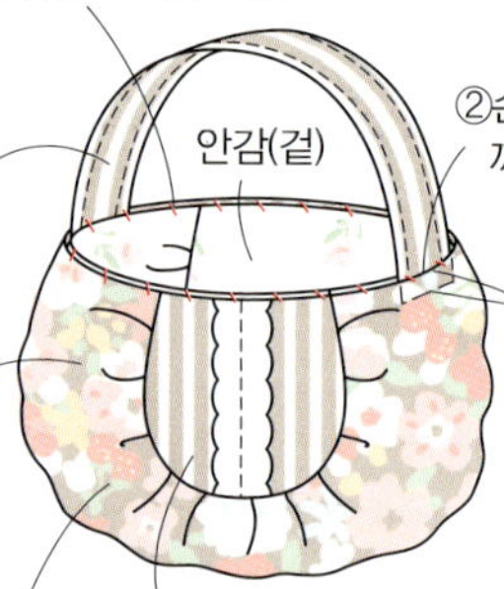

completion

형지
실물 크기
117p.

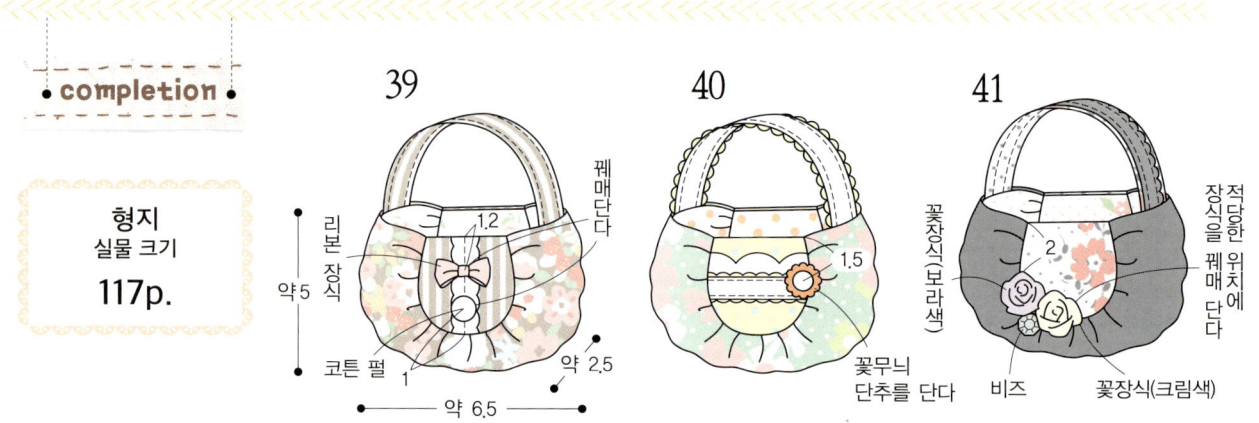

39
- 꿰매단다
- 리본 장식
- 1.2
- 약 5
- 코튼 펄 1
- 약 2.5
- 약 6.5

40
- 1.5
- 꽃무늬 단추를 단다

41
- 적당한 위치에 장식을 꿰매단다
- 꽃장식(보라색)
- 2
- 비즈
- 꽃장식(크림색)

다양한 모양의
미니어처 백 만들기

미니 백팩
(42~44번까지)

크기: 가로 4.7cm×세로 6cm×폭 1.2cm

깔끔한 색상을 배합한 귀여운 미니 사이즈의 백팩.
여닫을 수 있는 디자인에 어깨끈과 루프 등, 작아도 실물과 똑같습니다.
많이 만들어 선물해도 좋아요.

• how to make •

42 · 43 · 44 공통 재료(1개분)
그로그랭 리본 폭 0.5cm×36cm
O링(안지름 0.5cm) 4개
매직테이프(접착 타입) 폭 2.5cm×0.8cm

42재료
겉감(목면 무지) 폭 12cm×8cm
배색 천(목면 체크) 폭 6cm×5cm
안감(목면 무지) 폭 12cm×13cm

43재료
겉감(목면 스트라이프) 폭 12cm×8cm
배색 천 A(목면 무지) 폭 6cm×5cm
배색 천 B(목면 프린트) 폭 6cm×5cm
배색 천 C(목면 프린트) 폭 1cm×1cm
안감(목면 무지) 폭 12cm×8cm
양면접착시트 폭 1cm×1cm

44재료
겉감(샴브레이 무지) 폭 12cm×8cm
배색 천(목면 프린트) 폭 12cm×5cm
안감(목면 무지) 폭 12cm×8cm

❶ 본체를 만든다

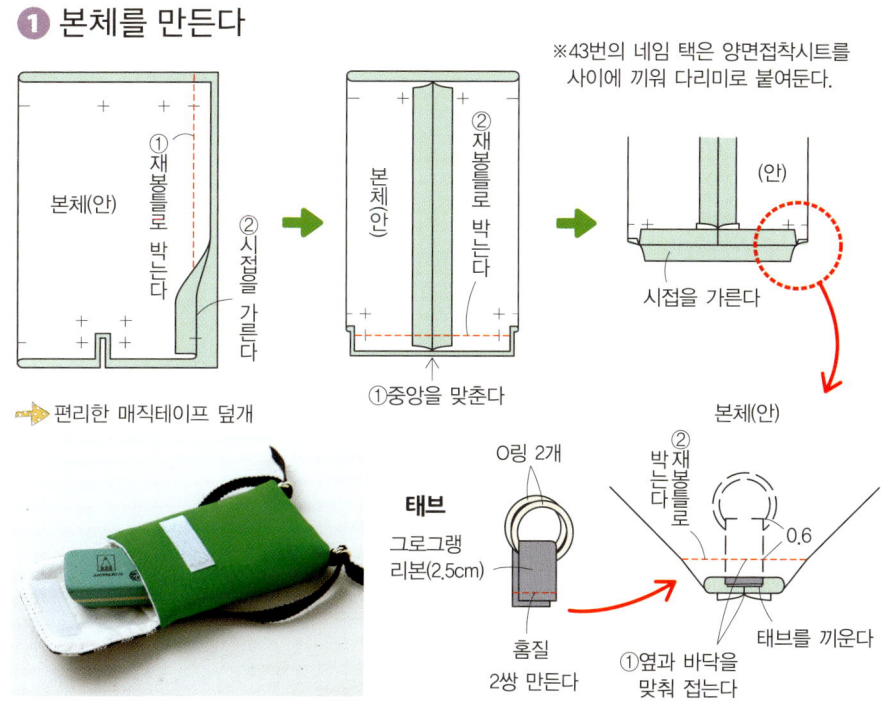

55

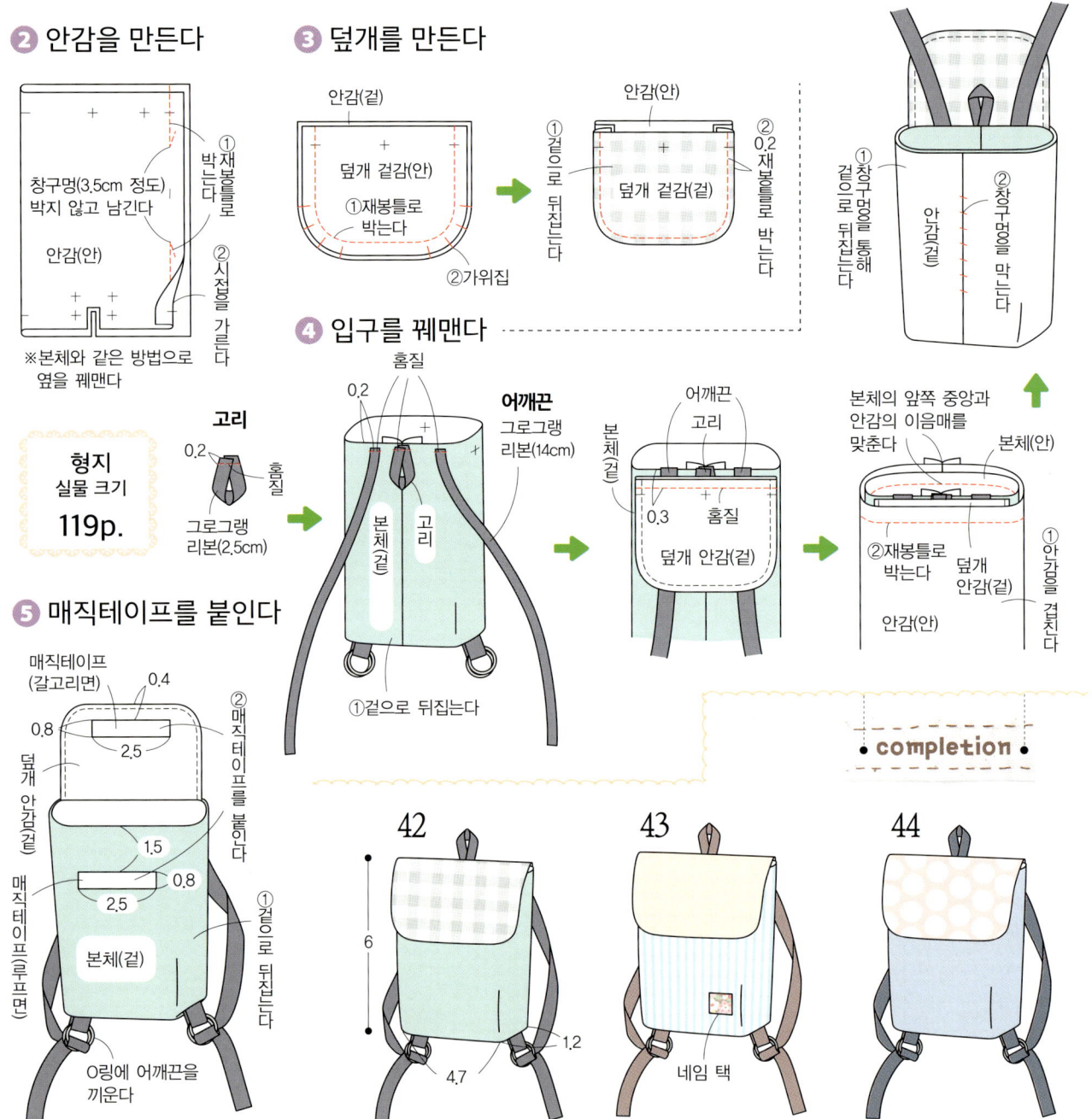

작은 메신저백
(45~47번까지)

크기: 가로 3㎝×세로 2.6㎝×폭 1.8㎝

캐주얼한 미니어처 메신저백.
어깨끈에 사용한 그로그랭 리본과 덮개, 백에 달린 택이 진짜와 똑같습니다.
어깨끈은 O링으로 뺄 수 있어 열쇠를 끼워 키홀더로 사용할 수 있습니다.

✿ 45·46·47 공통 재료(1개분)
그로그랭 리본 폭 0.5㎝×21㎝
O링(안지름 0.5㎝) 2개
매직테이프(접착테이프) 폭 2.5㎝×0.8㎝

✿ 45재료
겉감(목면 체크) 폭 12㎝×5㎝
배색 천 A(목면 무지) 폭 11㎝×4㎝
배색 천 B(목면 프린트) 폭 1㎝×1㎝
안감(목면 무지) 폭 12㎝×5㎝
양면접착시트 폭 1㎝×1㎝

✿ 46재료
겉감(목면 프린트) 폭 12㎝×5㎝
배색 천 A(목면 스트라이프) 폭 6㎝×4㎝
배색 천 B(목면 프린트) 폭 6㎝×4㎝
안감(목면 무지) 폭 12㎝×5㎝

✿ 47재료
겉감(목면 무지) 폭 12㎝×5㎝
배색 천 A(목면 프린트) 폭 11㎝×4㎝
배색 천 B(목면 프린트) 폭 1㎝×1㎝
안감(목면 무지) 폭 12㎝×5㎝
양면접착시트 폭 1㎝×1㎝

❶ 본체를 만든다

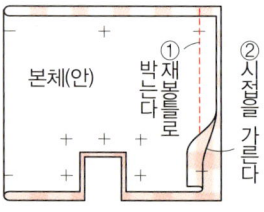

※no.45·47의 네임 택은 양면접착시트를 사이에 끼워 다리미로 붙여둔다.

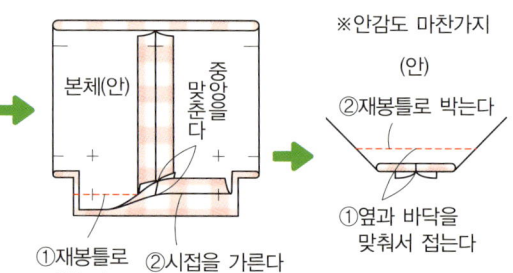

2 덮개를 만든다(56p.와 같음)

3 입구를 꿰맨다(56p.와 같음)

4 매직테이프를 붙인다

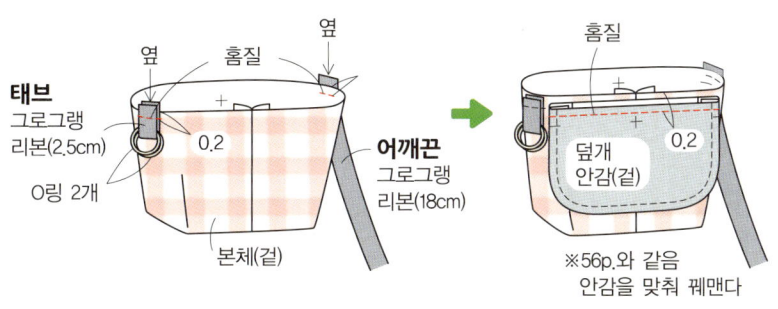

• completion •

형지
실물 크기
119p.

➡ 매직테이프로 여닫을 수 있어요

드럼형 파우치
(48번)

크기: 가로 8㎝×옆면 지름 약 4㎝

따뜻함이 느껴지는 트위드 소재와 손잡이에 사용한 가죽테이프가
매력적인 드럼형 파우치. 작아도 내용물이 많이 들어가 편리합니다.
옆면은 플라스틱제 싸개단추를 사용해 튼튼하게 마무리했습니다

✿ 48재료
겉감(울) 폭 16㎝×15㎝
안감(목면 스트라이프) 폭 16㎝×15㎝
튤레이스 폭 2.5㎝×5㎝
지퍼 10㎝ 1개
플라스틱 싸개단추(4㎝) 2개
가죽테이프 폭 0.6㎝×24㎝
마테이프 폭 1.2㎝×6㎝
D링(안지름 1.2㎝) 2개
왁스실

❶ 레이스·지퍼를 단다

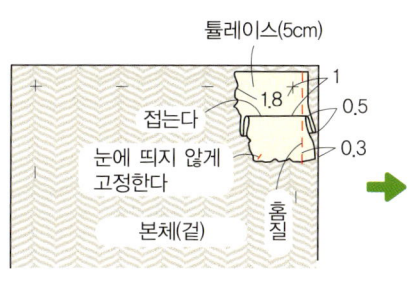

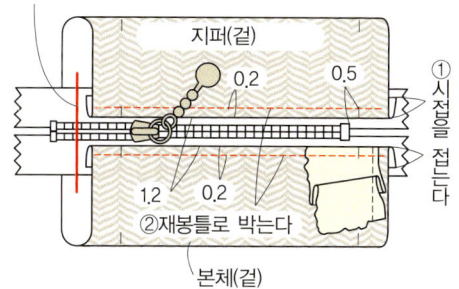

❷ 안감을 단다

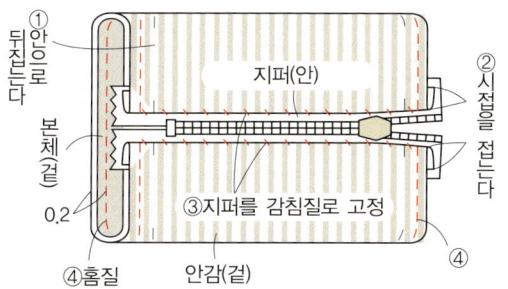

③ 옆판을 만든다

④ 태브를 단다

형지
실물 크기
119p.

⑤ 옆판을 단다

completion

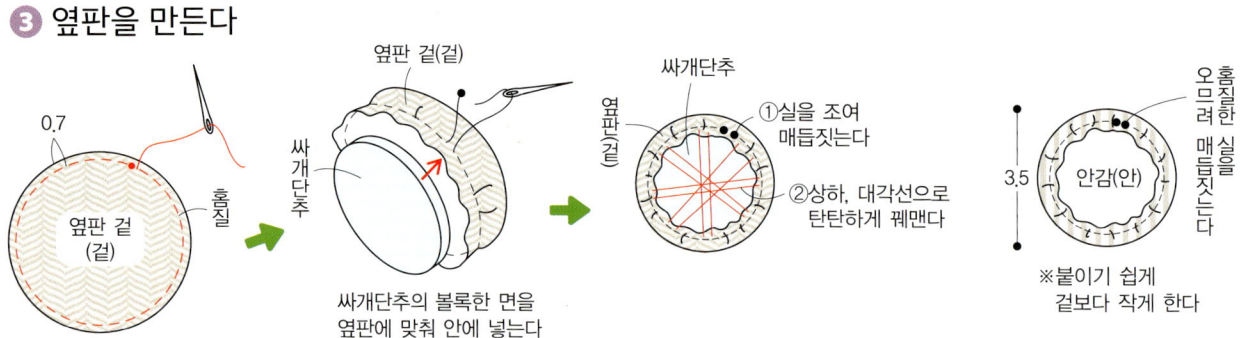

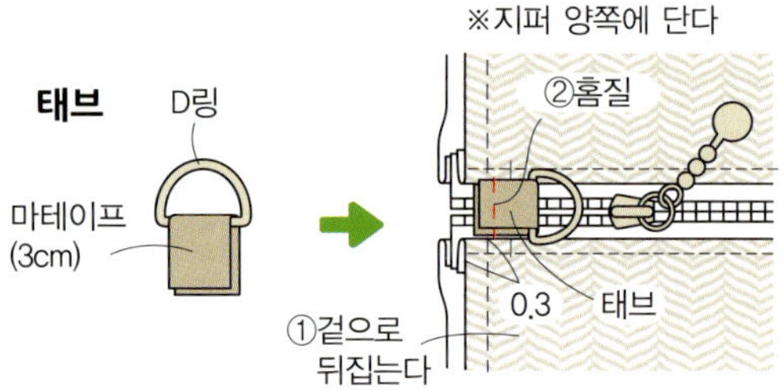

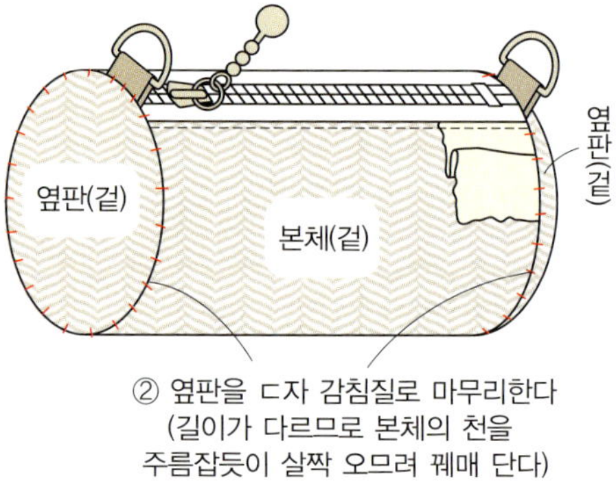

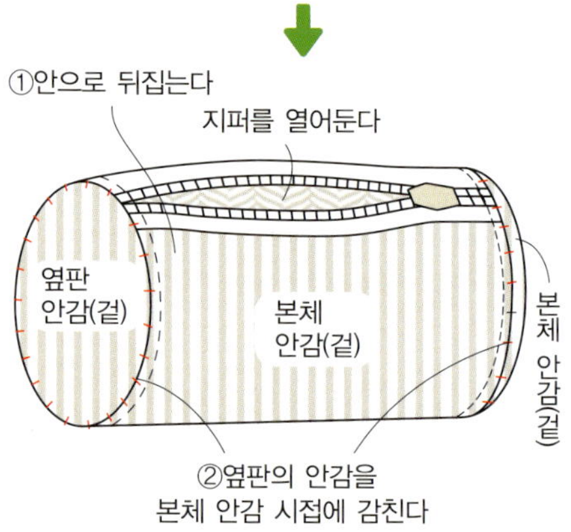

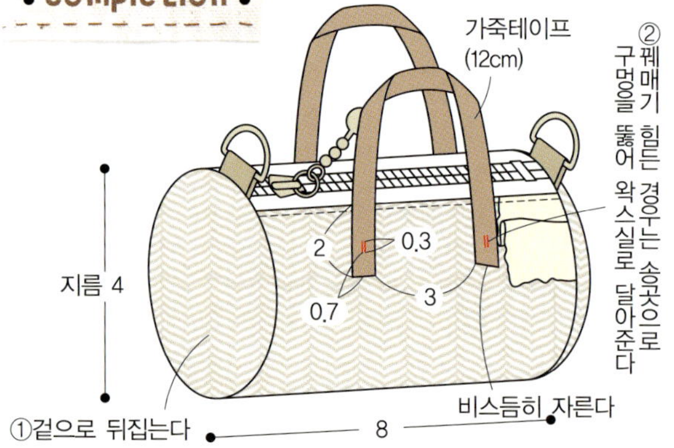

손잡이에 건 이중 링에 체인을 끼워 가방에 달면
귀여운 장식이 됩니다

사다리꼴 보스턴백
(49~50번까지)

크기: 가로 7.5㎝×세로 5.5㎝×폭 3㎝

미니 사이즈지만 실용적인 크기감이 반가운 보스턴백.
두 종류의 천을 매치했습니다. 엔틱 골드 지퍼가 성숙한 분위기를 만들어줍니다.

❀ 49재료
겉감(목면 스트라이프) 폭 20㎝×14㎝
배색 천(목면 프린트) 폭 9㎝×11㎝
안감(목면 프린트) 폭 15㎝×16㎝
지퍼 10㎝ 1개
새틴리본 폭 0.7㎝×30㎝
능직테이프 폭 1.2㎝×7㎝
이중 링(안지름 0.7㎝) 2개

❀ 50재료
겉감(목면 프린트) 폭 20㎝×14㎝
배색 천(목면 프린트) 폭 9㎝×11㎝
안감(목면 프린트) 폭 15㎝×16㎝
가죽 1.5㎝×0.8㎝
지퍼 10㎝ 1개
새틴리본 폭 0.7㎝×30㎝
능직테이프 폭 1.2㎝×7㎝
이중 링(안지름 0.7㎝) 2개
백 참(bag charm) 길이 14.7㎝ 1개
고무풀

❶ 지퍼를 단다

거싯(겉) / ②재봉틀로 박는다 / 1 / ①시접을 접는다 / 0.1 / 0.5 / 0.1 / 0.5 / 거싯(겉) / 지퍼(겉)

태브
태브 능직테이프(3.5㎝)를 반으로 접는다

거싯(겉) / 0.3 홈질 / 거싯(겉) / 지퍼(겉)

❷ 본체를 만든다

①이중 링을 끼운다 / 새틴리본(15㎝) / 본체(겉) / 0.1 ②재봉틀로 박는다

2쌍을 만든다

재봉틀로 박는다 / 바닥 천(겉) / 본체(안)

64

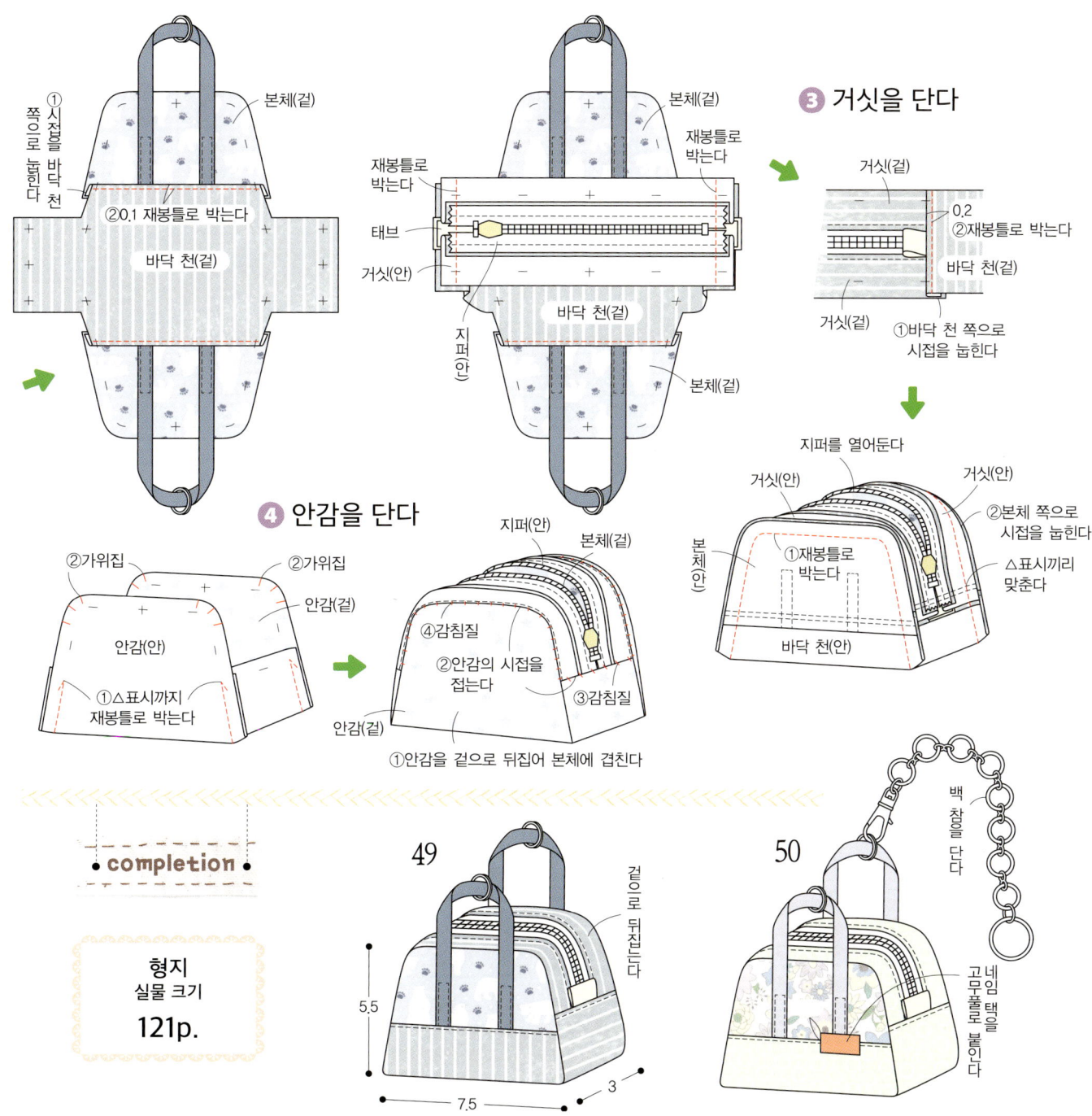

반원형 트렁크
(51~53번까지)

크기: 가로 4.5㎝×세로 3.5㎝×폭 2㎝

천, 두꺼운 종이, 본드를 사용해 수공예품 감각으로 귀여운 트렁크를 만들 수 있습니다.
색의 배합에 따라 이미지가 달라지므로 마음에 드는 천으로 만들어보세요.

how to make

❋ 51·52·53 공통 재료(1개분)
두꺼운 종이 16㎝×10㎝
가죽테이프 폭 0.5㎝×5㎝
셀로판테이프
수예용 본드

❋ 51재료
a천(목면 프린트) 폭 19㎝×5㎝
b천(목면 프린트) 폭 19㎝×10㎝
c천(목면 프린트) 폭 16㎝×4㎝
참(음표 모양) 1개
O링(0.8㎝) 1개
O링(0.4㎝) 1개
라인스톤(원형 네일용) 2개

❋ 52재료
a천(목면 프린트) 폭 19㎝×5㎝
b천(목면 프린트) 폭 19㎝×10㎝
c천(목면 프린트) 폭 16㎝×4㎝
참(제비 모양) 1개
O링(0.8㎝) 1개
O링(0.4㎝) 1개
라인스톤(원형 네일용) 2개

❋ 53재료
a천(목면 프린트) 폭 19㎝×5㎝
b천(목면 프린트) 폭 19㎝×10㎝
c천(목면 프린트) 폭 16㎝×4㎝
참(뼈 모양) 1개
C링(0.8㎝×0.6㎝) 1개
C링(0.6㎝×0.4㎝) 1개
스터드(별 모양 네일용) 2개

➡ 트렁크를 열면 뚜껑에 주머니가 달려 있어요.

❶ 두꺼운 종이로 틀을 만든다

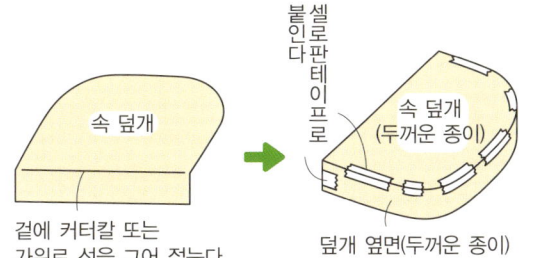

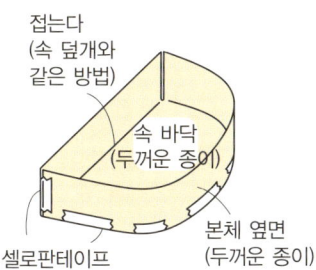

❷ 덮개 옆면·본체 옆면에 천을 붙인다   ❸ 덮개와 바닥을 연결한다

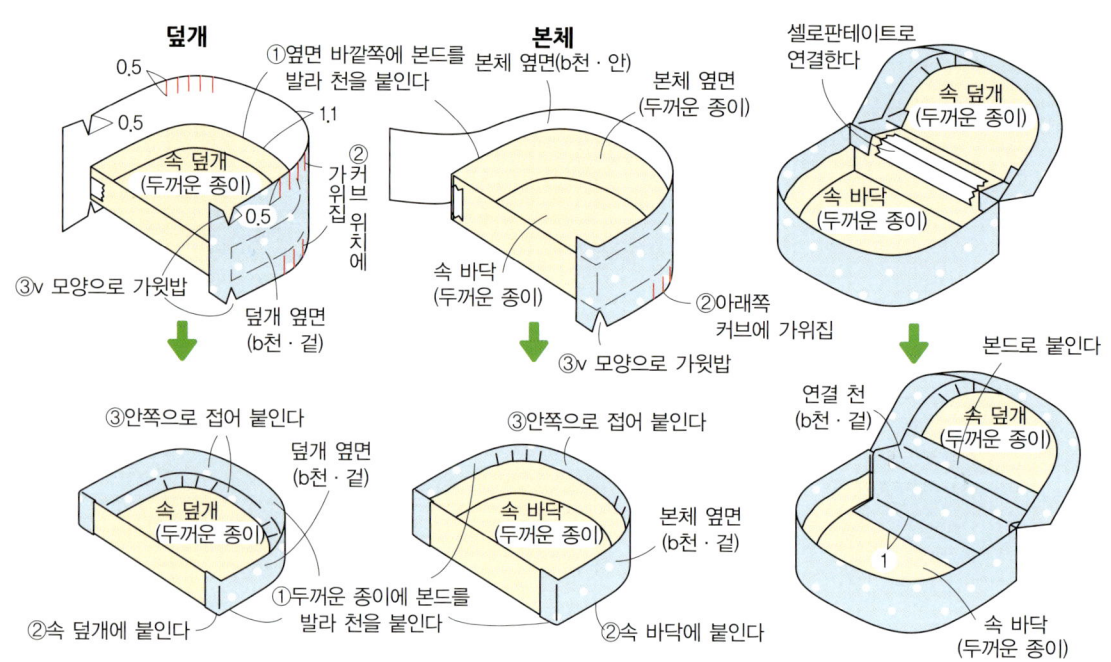

❹ 덮개·바닥을 만든다   ❺ 안 덮개, 안 바닥을 붙인다

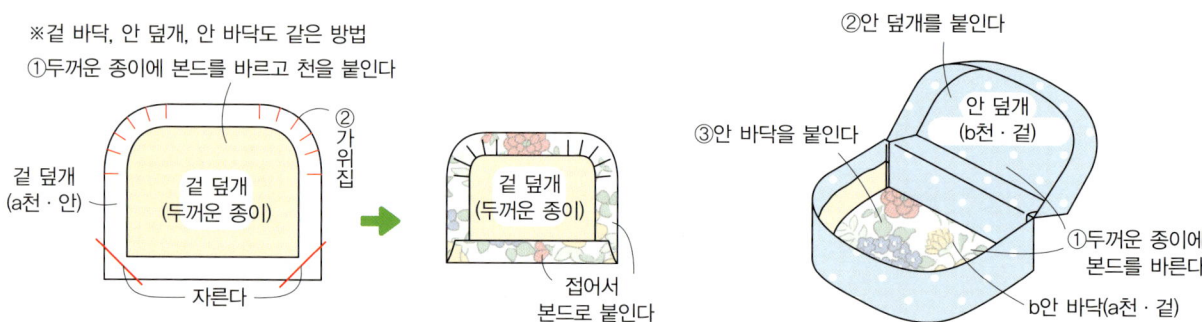

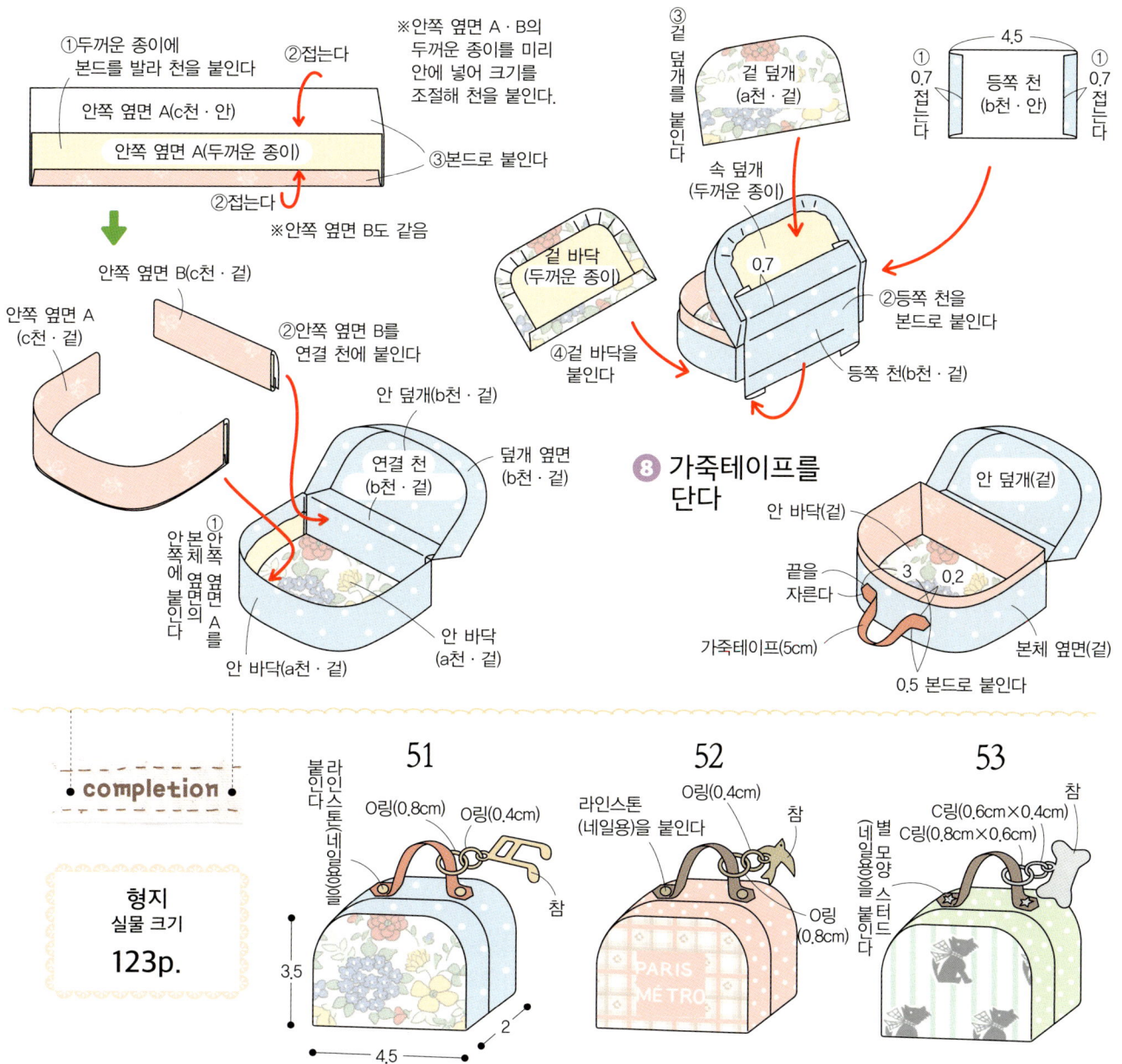

사각 트렁크
(54~57번까지)

크기: 가로 6.2cm × 세로 4.6cm × 폭 2.2cm

알록달록 화려한 색상의 사각 트렁크. 벨트에 스터드(장식 단추)를 박고,
버클로 여닫을 수 있는 디자인입니다. 손잡이에는 천에 어울리는 장식을 곁들입니다.

· how to make ·

❁ 54~57 공통 재료(1개분)
a천(목면 프린트) 폭 27cm×15cm
b천(목면 프린트) 폭 14cm×8cm
두꺼운 종이 20cm×15cm
스웨이드테이프 폭 0.5cm×45cm
고무줄 폭 0.5cm×9cm
셀로판테이프
수예용 본드

❁ 54재료
미니버클(타원형 안지름 0.5cm) 2개
스터드(반구형 네일용) 10개

❁ 55재료
c천(목면 무지) 폭 8cm×4cm
미니버클(원형 안지름 0.8cm) 2개
스터드(별모양 네일용) 8개
스터드(원형 네일용) 2개
볼 체인(커넥터 포함 두께 0.15cm) 4cm
참(열쇠 모양) 1개
C링(0.6cm×0.4cm) 1개

❁ 56재료
가죽 2cm×1cm
미니버클(타원형 안지름 0.5cm) 2개
스터드(타원형 네일용) 10개
볼 체인(커넥터 포함 두께 0.15cm) 6cm
참(열쇠 모양) 1개
O링(0.6cm) 1개
O링(0.4cm) 1개

❁ 57재료
c천(목면 무지) 폭 8cm×4cm
미니버클(직사각형 모양 안지름 0.5cm) 2개
스터드(반구형 네일용) 10개
참(에펠탑 모양) 1개
O링(0.8cm) 1개
O링(0.5cm) 1개

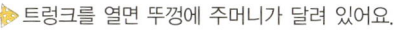 트렁크를 열면 뚜껑에 주머니가 달려 있어요.

❶ 두꺼운 종이로 틀을 만든다

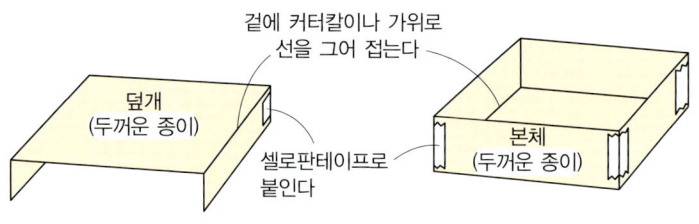

❷ 덮개, 본체에 천을 붙인다

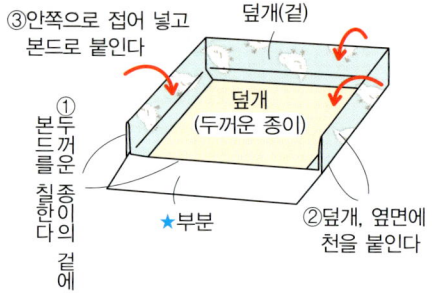

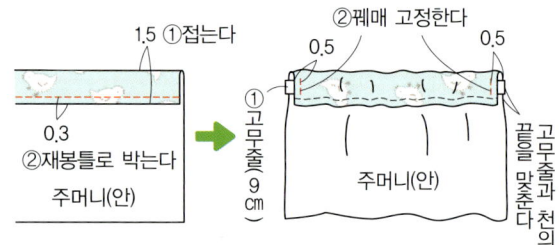

❸ 덮개를 본체에 연결한다

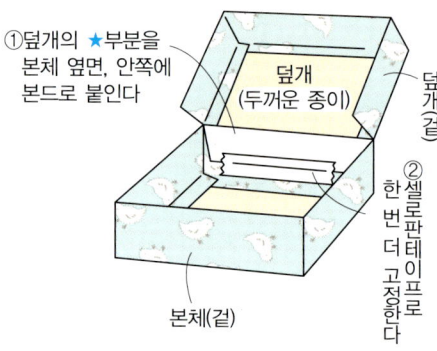

❹ 주머니를 만든다

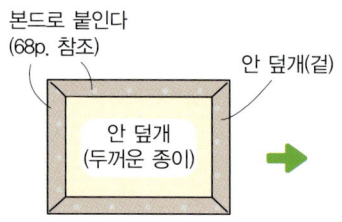

❺ 안 덮개, 안 바닥을 붙인다

❻ 안 덮개, 안 바닥을 붙인다

안쪽에 덮개를 붙인 감싼

안 덮개(겉) 2.5

주머니(겉)

♥부분

안 바닥(안)

안 바닥(두꺼운 종이)

(68p. 참조) 본드로 붙인다

덮개(두꺼운 종이)

② ♥부분을 이음매에 붙인다

본체(겉)

안 바닥(겉)

①두꺼운 종이에 본드를 칠하고 안 바닥을 붙인다

벨트

스웨이드테이프 (20cm)

1.2

0.7 붙인다

미니버클

2개 만든다

손잡이

①스웨이드테이프를 본드로 붙인다 (5cm)

끝을 뾰족하게 자른다

4

1.8

1

0.6

0.8

2

1

1

②스터드를 붙인다

③벨트를 본드로 붙인다

④스터드를 붙인다

• completion •

형지
실물 크기
125p. 127p.

54

4.6

6.2 2.2

56

참

O링(0.4cm)

볼 체인

커넥터

가죽 택

O링(0.6cm)

55

모서리펀치

참

볼 체인

커넥터

C링

둥근 스터드

본드로 8곳의 모서리에 붙인다

별 모양 스터드

57

모서리 펀치를 붙인다

O링 (0.5cm)

참

O링(0.8cm)

73

PART 4

미니 사이즈의
멋쟁이 아이템 만들기

미니 마린캡
(58~60번까지)

크기: 가로 4.5㎝×높이 약 1.2㎝

널찍한 브림(챙)이 사랑스러운 마린캡입니다.
무지로 만들어 스트라이프 리본을 곁들이거나
유행을 타지 않는 체크무늬 천으로 만들면 귀여운 마린캡이 완성됩니다.

· how to make ·

❋ 58·59·60 공통 재료(1개분)
겉감(58·60 목면 체크 59 목면 무지)
폭 21㎝×13㎝

❋ 59재료
그로그랭 리본 폭 0.9㎝×25㎝

❋ 60재료
단추(지름 0.8㎝) 2개

❶ 본체를 만든다

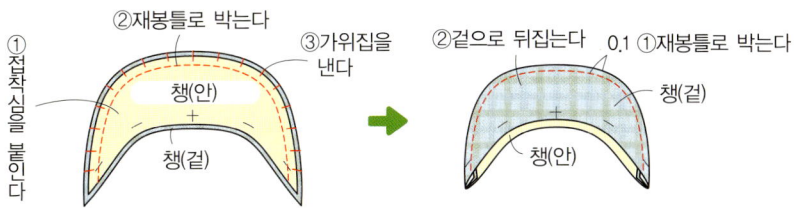

❷ 사이드크라운과 겉 벨트를 맞대어 꿰매고 챙에 단다

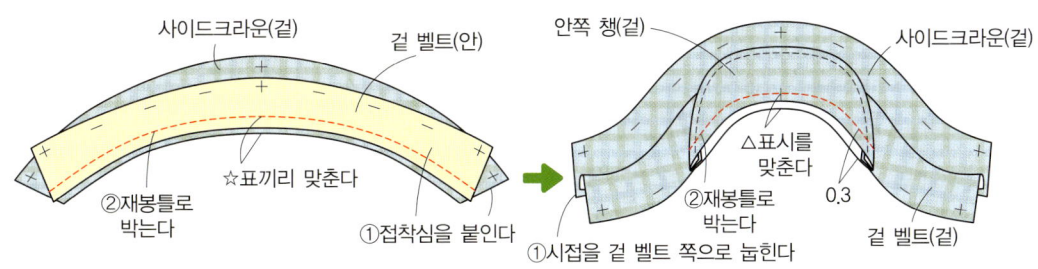

❸ 안 벨트를 붙인다

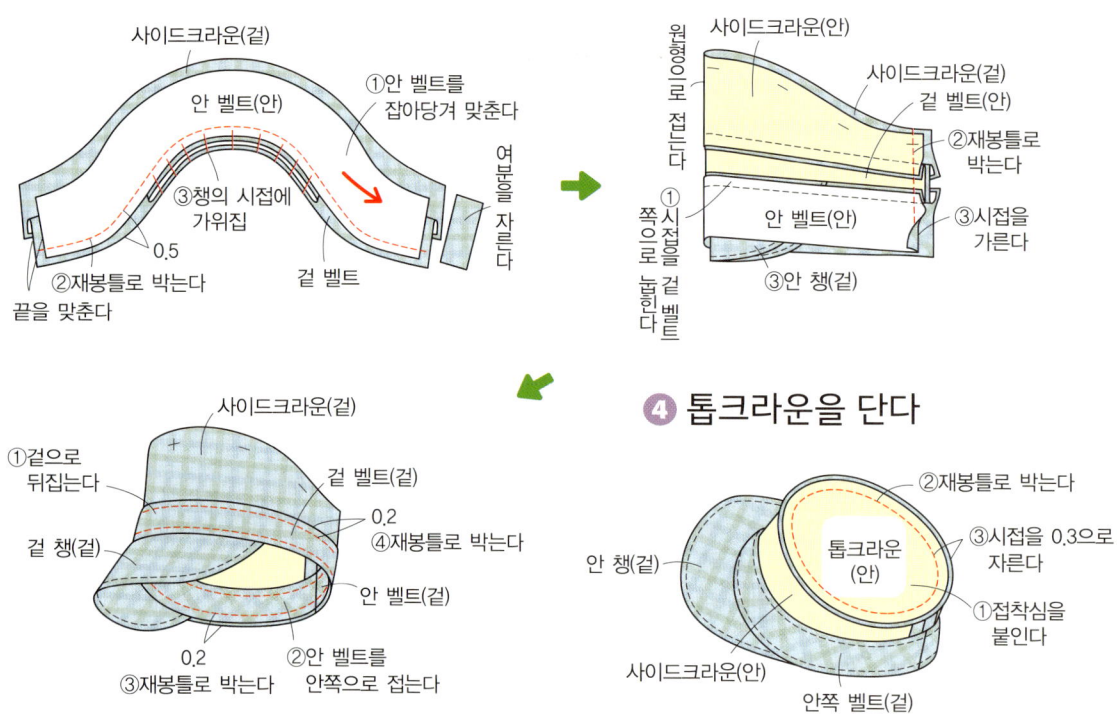

❹ 톱크라운을 단다

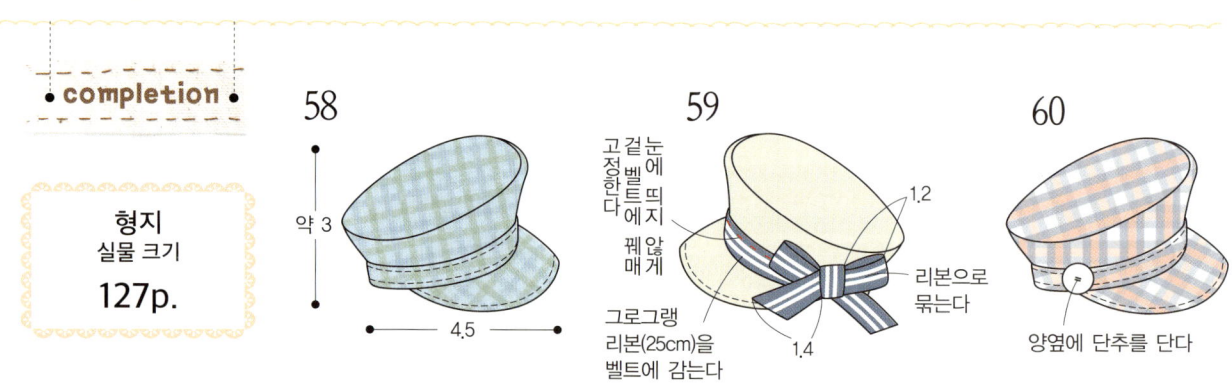

작은 카플린
(61~62 번까지)

크기: 가로 5.5cm×높이 약 1.8cm

로맨틱한 분위기의 미니 사이즈 카플린에는 리본과 금속 장식을
곁들여 악센트를 주었습니다. 브로치 핀으로 옷에 달면 멋쟁이 아이템으로 변신합니다.

• how to make •

✿ 61 · 62 공통 재료(1개분)
겉감(목면 프린트) 폭 12cm×9cm
안감(목면 프린트) 폭 12cm×9cm
새틴리본 폭 0.5cm×16cm
금속 장식(별 모양 0.6cm)
수예용 본드

❶ 챙을 만든다

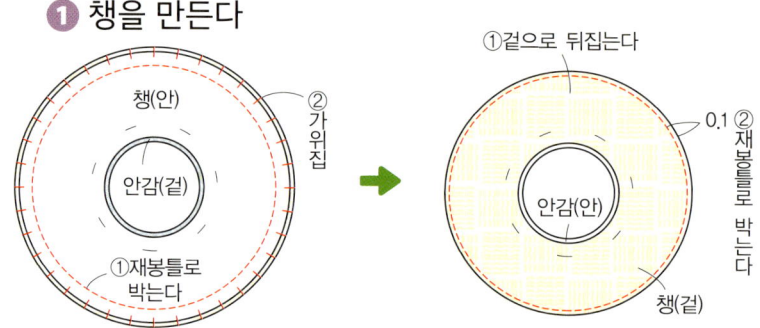

❷ 사이드크라운과 톱크라운을 맞대어 꿰맨다

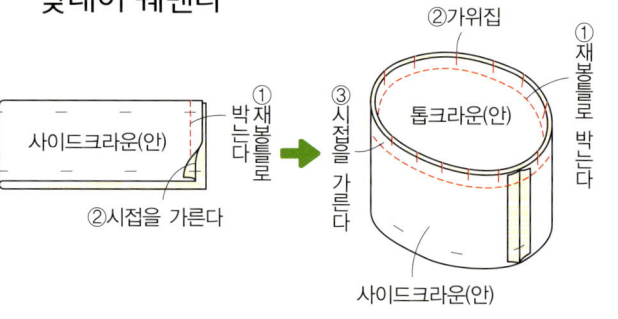

❸ 사이트크라운과 챙을 맞대어 꿰맨다

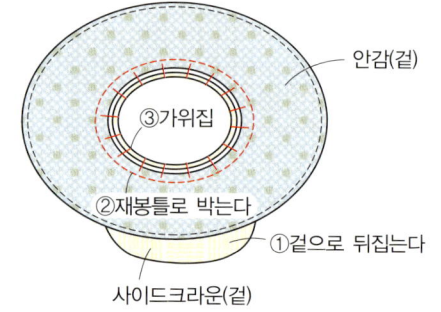

❹ 톱크라운 안감과 사이트크라운 안감을 단다

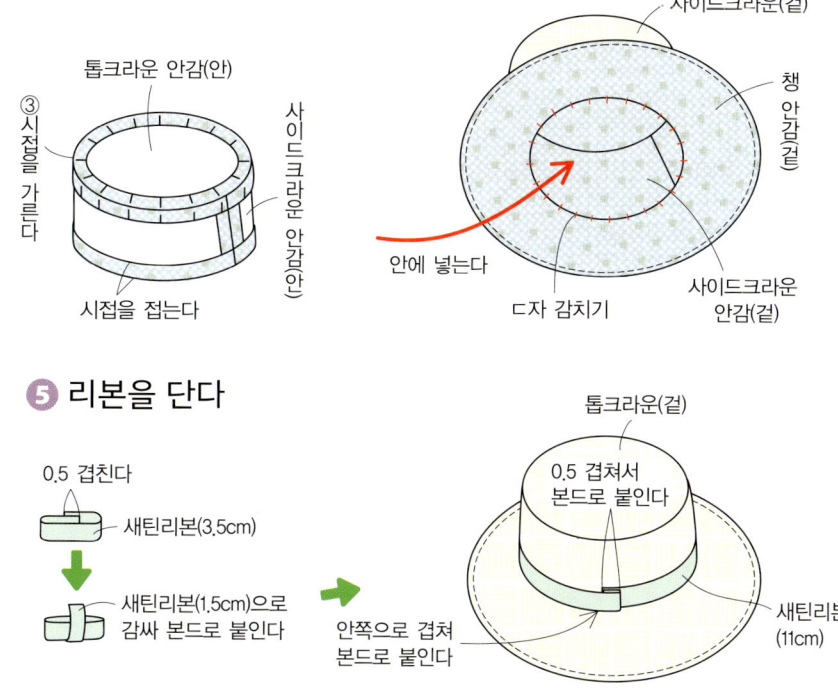

❺ 리본을 단다

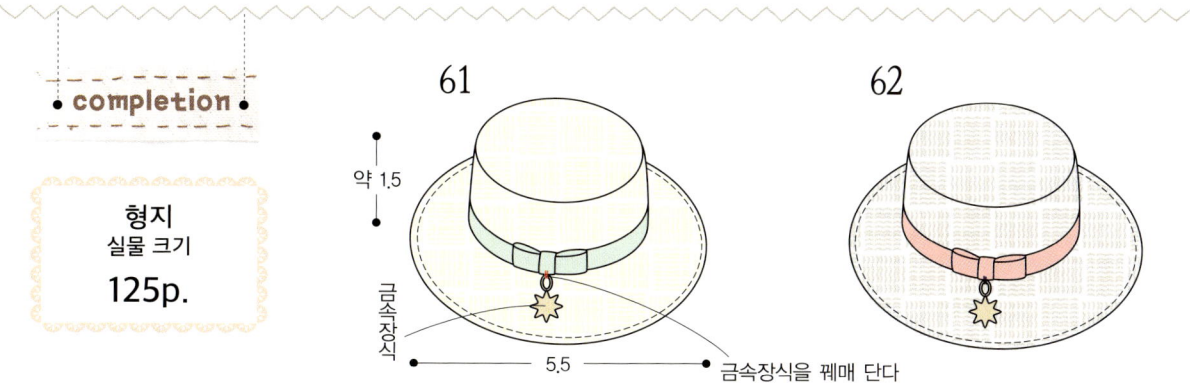

• completion •

형지
실물 크기
125p.

61

62

미니 부츠
(63~65번)

크기: 부츠 크기 3cm×높이 4.2cm

섬세한 장식까지 진짜와 똑같은 부츠입니다.
센스가 돋보이는 외측 펠트와 배색에도 주목. 단추와 네임 택을 더해줘도 귀여워요.

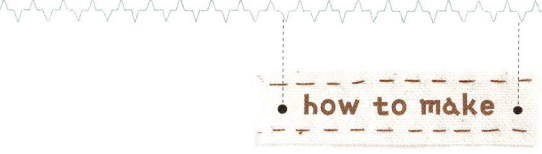

❀ **63 · 64 · 65 공통 재료(1개분)**
펠트 A(63-진한 갈색, 64-오렌지, 65-페퍼민트) 10cm×10cm
펠트 B(베이지) 5cm×5cm
a천(63-목면 스트라이프, 64-목면 체크, 65-목면 프린트) 폭 10cm×10cm
새틴리본 폭 0.5cm×3cm
수예 솜
수예용 본드

❀ **64재료**
b천(목면 프린트) 폭 2cm×1cm

❀ **65재료**
단추(지름 0.5cm) 2개
볼 체인
(커넥터 포함 굵기 0.15cm) 9cm

❶ 부츠를 꿰맨다

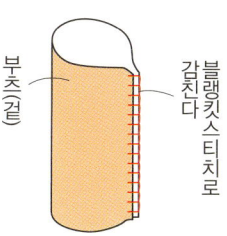

블랭킷 스티치

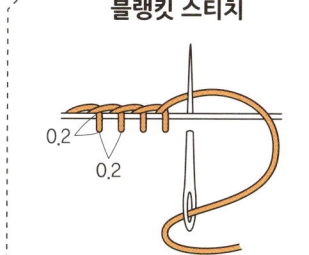

❷ 안쪽 바닥을 붙인다

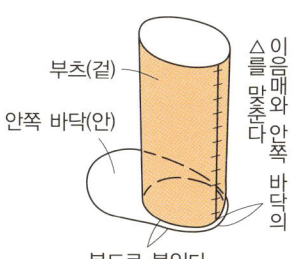

❸ 등을 단다

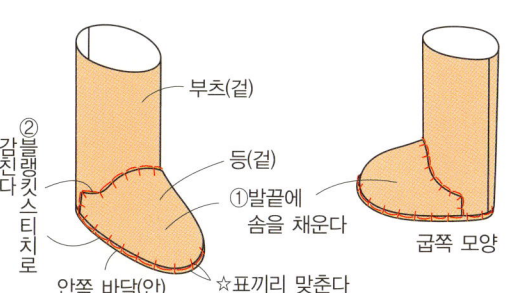

④ 바닥을 붙인다

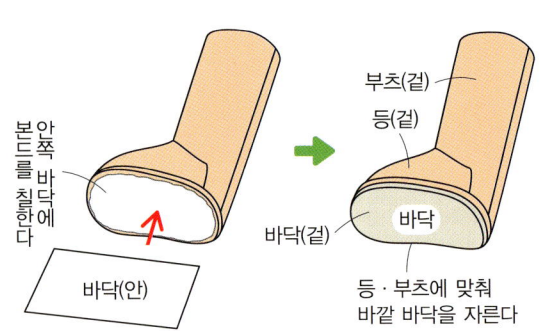

⑤ 태브를 단다

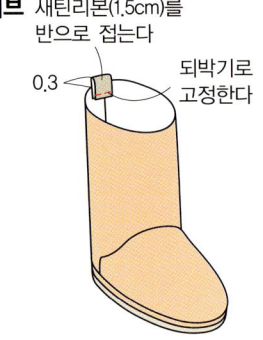

⑥ 안쪽 부츠를 겹친다

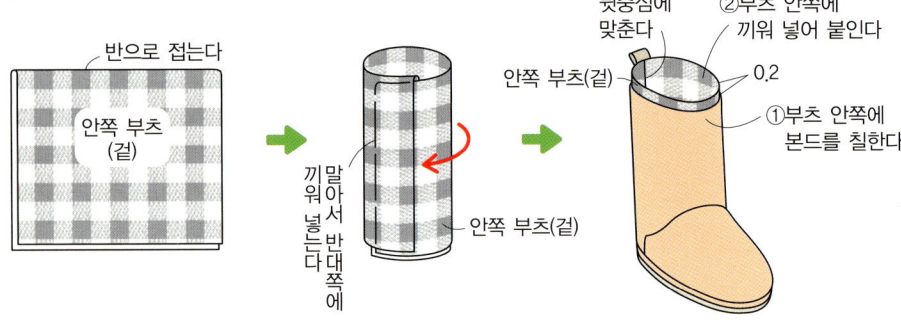

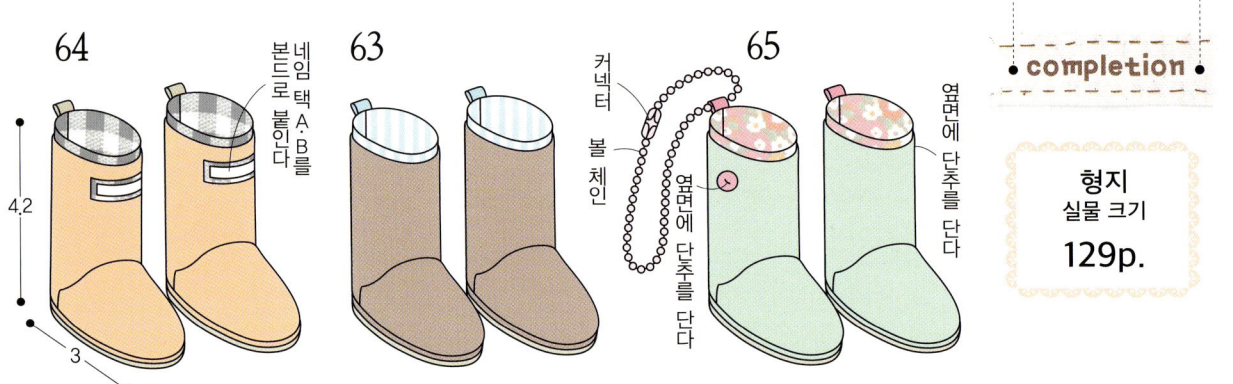

completion

형지 실물 크기
129p.

미니 스트랩 슈즈
(66~68번)

66: 신발 크기 5㎝×높이 1.2㎝
67·68: 신발 크기 5㎝×높이 1.4㎝

과자처럼 알록달록 화려한 색상의 사랑스러운 스트랩 슈즈. 반짝이는 비즈가 달린
no.66은 T스트랩 타입, 코사지가 포인트인 no.67과 no.68은 메리제인 타입의 디자인입니다.

· how to make ·

66재료
겉감(목면 프린트) 폭 14㎝×13㎝
안감(목면 무지) 폭 11㎝×13㎝
새틴리본 폭 0.5㎝×4㎝
레이스 장식(1.1㎝) 2개
비즈(0.6㎝) 2개

❶ 본체와 바닥을 맞대어 꿰맨다

❷ 태브를 단다

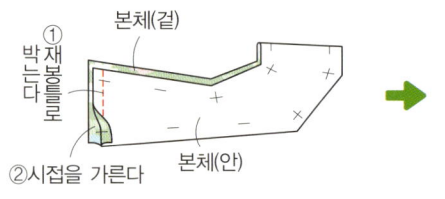

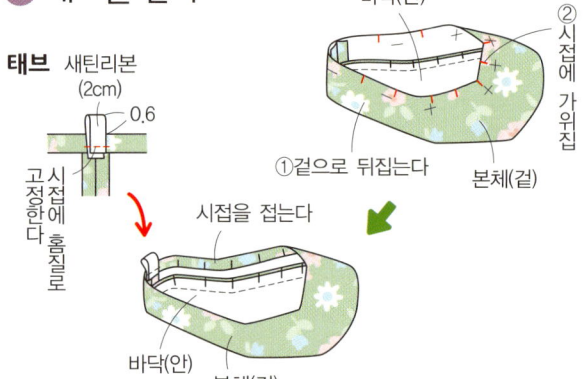

❸ 스트랩을 만들어 단다

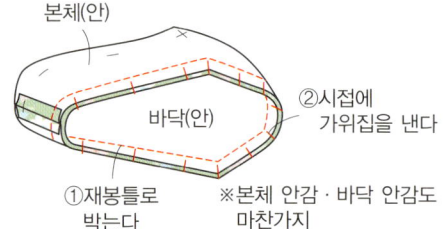

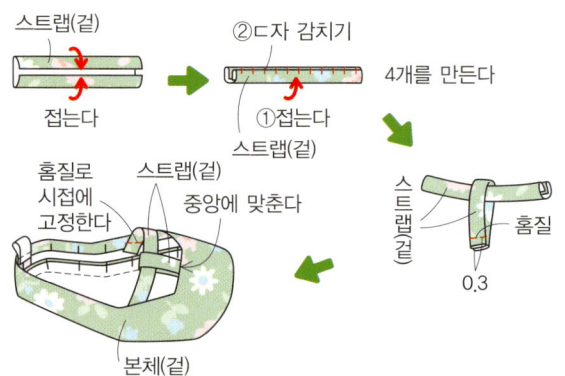

미니 양산
(69~71번까지)

크기: 약 10cm

얌전하게 접은 양산을 미니 사이즈의 장식으로 만들었습니다.
밴드 부분은 단추로 여닫을 수 있어요. 캐주얼한 물방울, 여성스러운 꽃무늬… 모두 사랑스러워요.

❀ **69·70·71 공통 재료(1개분)**
겉감(목면 프린트) 폭 13cm×13cm
와이어(굵기 0.2cm) 13cm
단추(지름 0.5cm) 1개
레이스 장식(0.8cm) 1개
O링(0.8cm) 1개
C링(0.8cm×0.4cm) 1개
볼 체인(커넥터 포함 굵기 1.5cm) 12cm
매니큐어 (69—물색, 70·71 핑크)
수예용 본드

❀ **69재료**
그로그랭리본 폭 0.6cm×45cm
새틴리본 0.3cm×15cm

❀ **70·71재료**
토션레이스 폭 1.5cm×45cm
새틴리본 폭 0.3cm×17cm

① 양산을 만든다

69
①그로그랭 리본을 본드로 붙인다
형지에 맞춰 비스듬히 자른다
③통모서리에 실을 과시킨다
④송곳으로 구멍을 뚫는다
양산(겉)
②다리미로 접음선을 잡는다

70·71
④no.69와 마찬가지로 실을 꿴다
양산(겉)
주름을 잡는다
0.8
⑤송곳으로 구멍을 뚫는다
②본드로 레이스를 붙인다
①시접을 접어 본드로 붙인다
③다리미로 접음선을 눌러준다
레이스(겉)

89

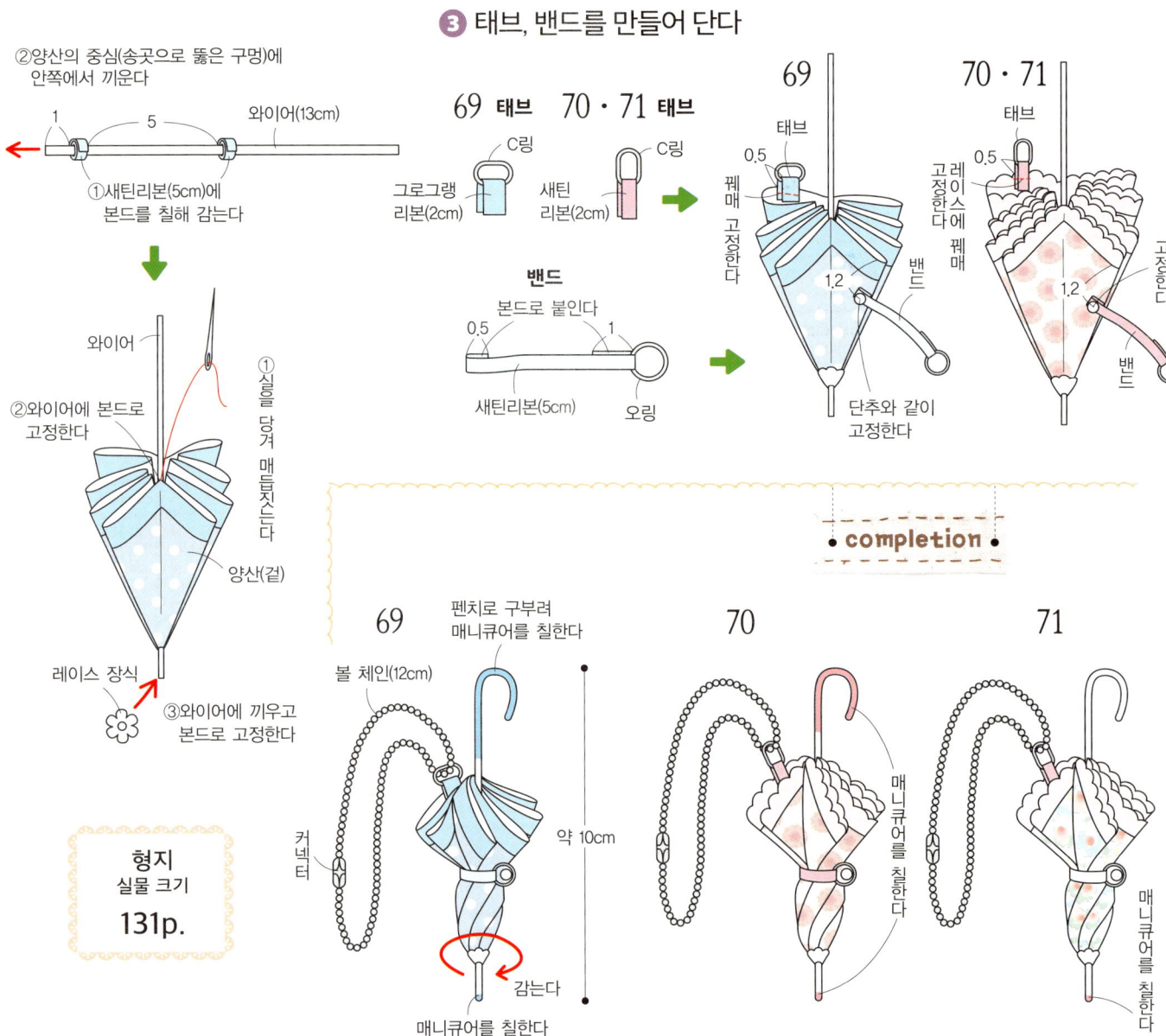

색깔을 달리해 많이 만들어서 매일 옷을 갈아입듯이 그날 기분에 맞게 바꿔서 장식해보세요.

72

a
b
c
d

옷장 가랜드
(72번 a, b, c, d)

크기: a(블라우스) 가로 6.3㎝×세로 5㎝
크기: b(팬츠) 가로 5㎝×세로 4.5㎝
크기: c(핸드백) 가로 2.7㎝×세로 2㎝
크기: d(원피스) 가로 7㎝×밑단 둘레 22㎝

미니 사이즈의 블라우스, 팬츠, 핸드백, 원피스를 나열한 깜찍한 가랜드입니다.
벽에 걸면 밋밋한 방에 악센트를 줄 수 있습니다.

how to make(a)

✿ 블라우스(a) 재료
a천(마) 폭 18㎝×7㎝
케미컬레이스 폭 1㎝×12㎝
단추(지름 0.35㎝) 3개
스티치실(MOCO-제조사명)

✿ 팬츠(b)재료
b천(덩거리-dungaree
거친 무명천으로 만든 바지)
폭 20㎝×7㎝
마리본 폭 0.5㎝×10㎝
고무줄 0.3㎝×7㎝
스티치실(MOCO)

✿ 핸드백(c) 재료
펠트(갈색) 6㎝×5㎝
단추(지름 0.5㎝) 1개
똑딱단추(0.7㎝) 1개
가죽끈(굵기 0.15㎝) 7㎝

✿ 원피스(d) 재료
c천(목면 거즈프린트) 폭 30㎝×9㎝
고무줄 폭 0.5㎝×10㎝

✿ 가랜드 재료
마끈(굵기 0.3㎝) 40㎝
나무클립(2.5㎝) 6개

❶ 어깨·옆을 꿰맨다

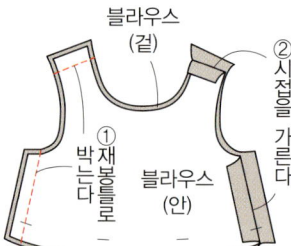

❷ 밑단·목둘레·진동둘레를 마무리한다

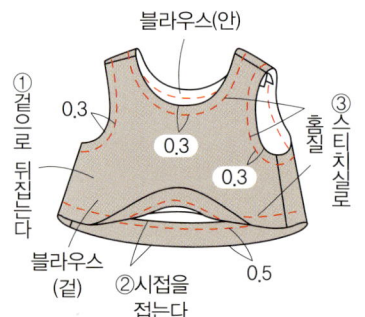

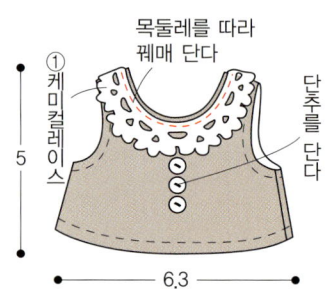

completion

뒤

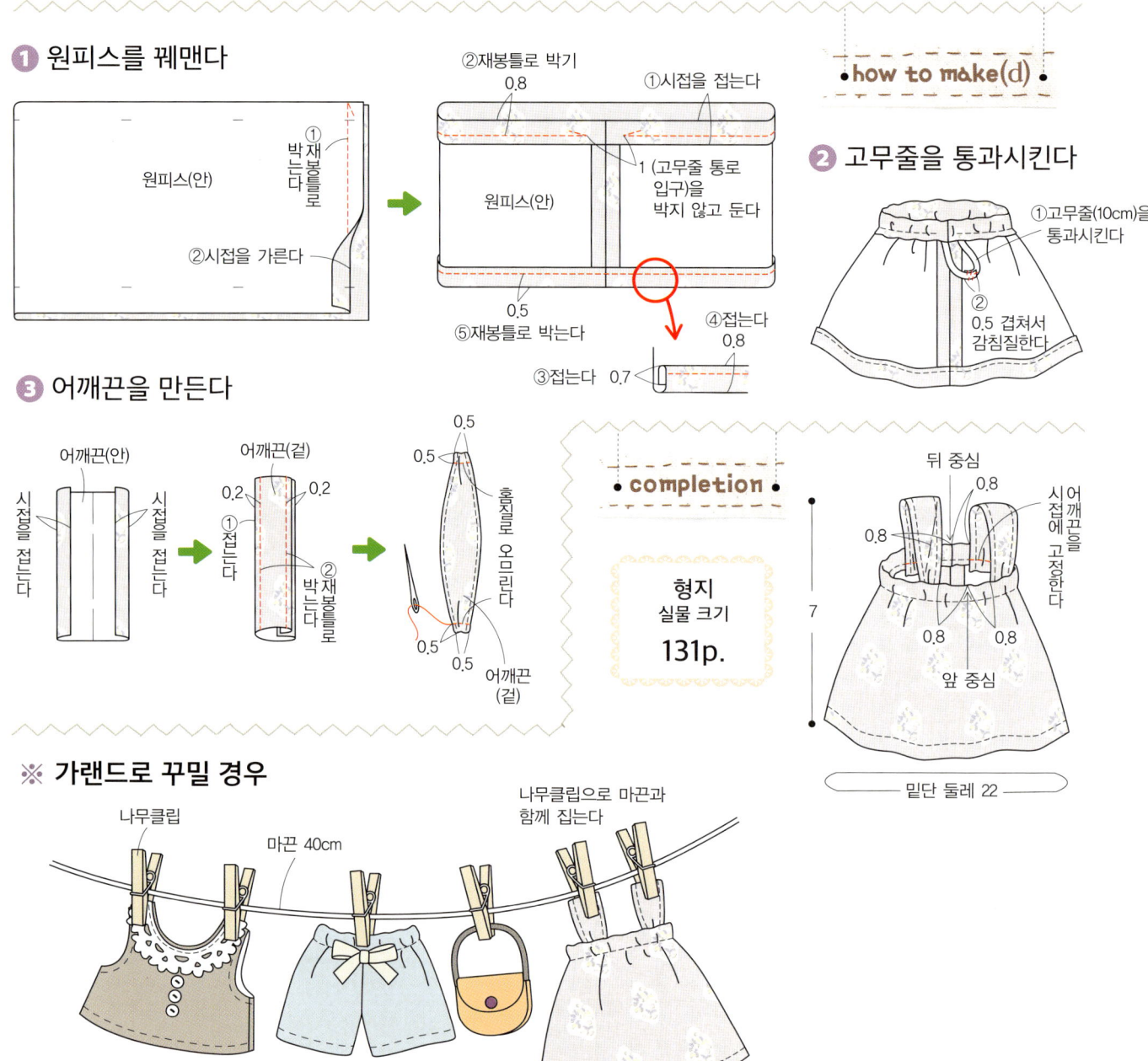

작아도
편리한 디자인

거싯이 있는 미니 주머니
(73~74번까지)

크기: 가로 6cm×세로 7.5cm×폭 3cm

깅엄체크와 꽃무늬 프린트가 여성스러운 주머니입니다.
입구를 조일 수 있는 주머니는 액세서리 등의 소품 보관 주머니로도 손색이 없습니다.

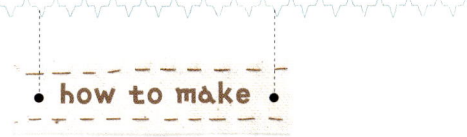

❁ **73재료**
겉감(목면 체크) 폭 20cm×13cm
왁스코드(줄) (굵기 0.1cm) 60cm
우드 비즈(0.5cm) 2개
자수 와펜 1장

❁ **74재료**
겉감(목면 프린트) 폭 20cm×13cm
왁스코드(굵기 0.1cm) 60cm
우드 비즈(0.5cm) 2개

❶ 옆 · 바닥을 꿰맨다

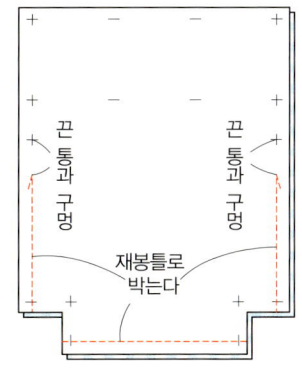

❷ 거싯을 꿰맨다

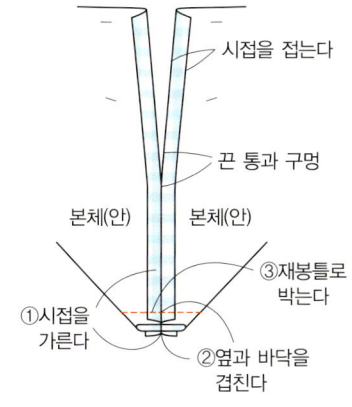

❸ 입구를 꿰맨다

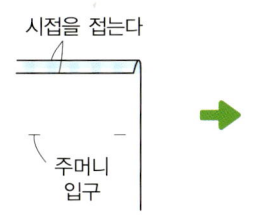 → 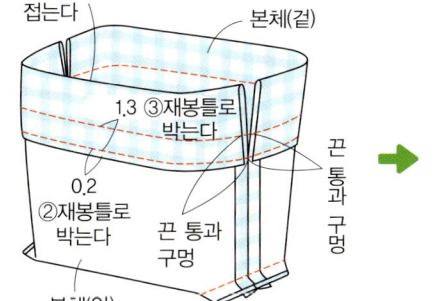 →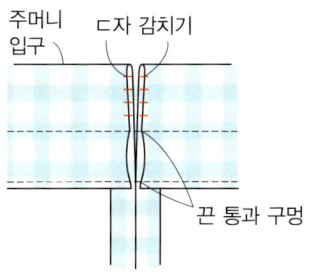

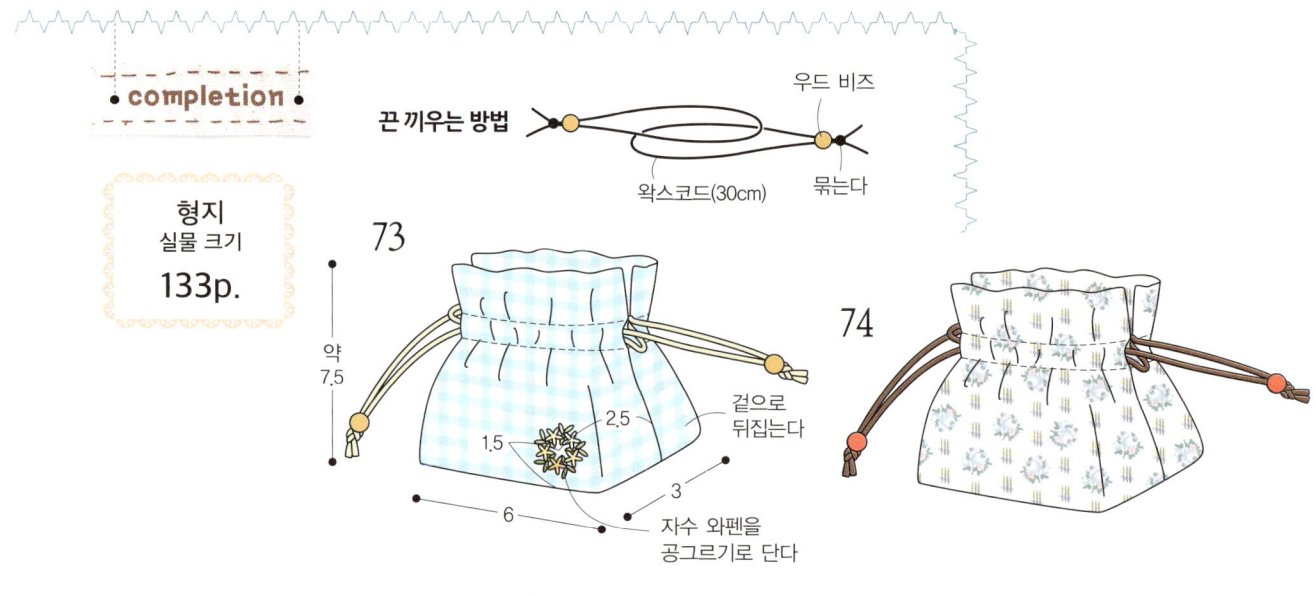

미니 주머니
(75~77번까지)

크기: 가로 6㎝×세로 7.5㎝

납작한 타입의 주머니는 초보자도 쉽게 만들 수 있는 디자인입니다.
레이스와 플로킹 시트로 악센트를 주었습니다.

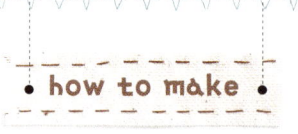

❋ **75재료**
겉감(목면 프린트) 폭 14cm×12cm
케미컬레이스 폭 1.1cm×14cm
새틴리본 폭 0.5cm×50cm
레이스 장식(1.3cm)1개

❋ **76재료**
겉감(목면 무지) 폭 7cm×22cm
새틴리본 폭 0.4cm×50cm
플로킹 시트(다리미 접착 타입 1.8cm×1.7cm) 1장

❋ **77재료**
겉감(목면 스트라이프) 폭 14cm×10cm
배색 천(목면 무지) 폭 7cm×4cm
토션레이스 폭 1.1cm×14cm
새틴리본 폭 0.4cm×50cm

❶ 레이스(75·77) 바닥 천(77)을 단다

❷ 옆·바닥(75만)을 꿰맨다

❸ 입구를 꿰맨다
(97p. 참조)

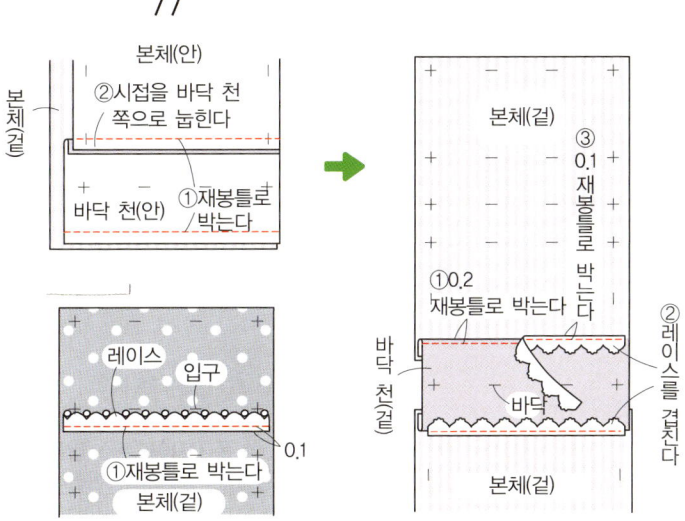

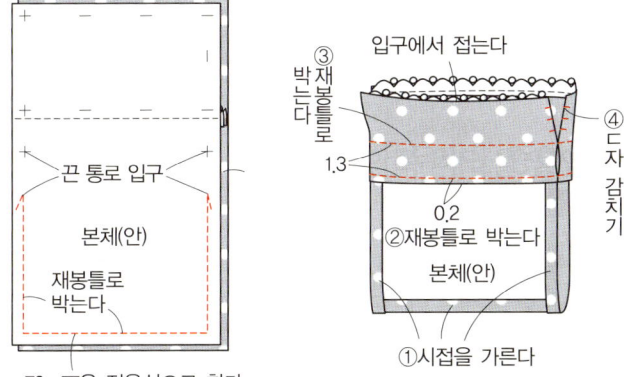

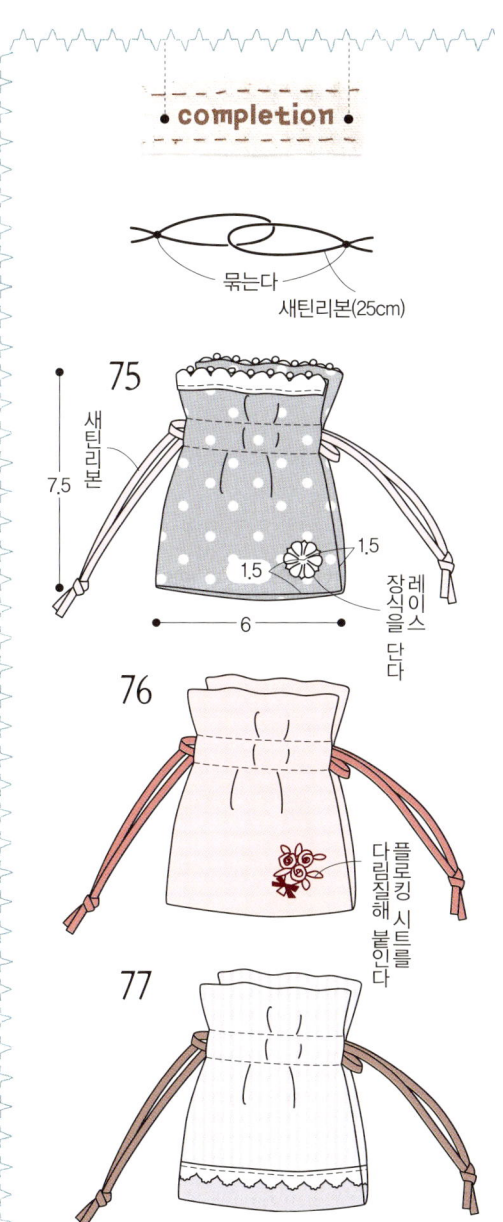

프레임 미니 동전지갑
(78~82번까지)

크기: 가로 4㎝×세로 4㎝×폭 1㎝

볼록한 모양이 귀여운 미니 동전지갑은 볼 체인을 꿰어 사용합니다.
천의 무늬에 맞춰 비즈로 장식하면 더욱 귀엽게 완성됩니다.

❀ 78~82 공통재료(1개분)
겉감(목면 프린트) 폭 7㎝×10㎝
안감(목면 프린트) 폭 7㎝×10㎝
접착퀼팅솜 (얄팍한 타입) 폭 7㎝×10㎝
수예용 본드

❀ 78·79재료(1개분)
둥근 프레임(가로 약 4㎝, 높이 약 3.5㎝) 1개

❀ 80재료
둥근 프레임(가로 약 4㎝, 높이 약 3.5㎝) 1개
볼 체인(커넥터 장착 두께 0.2㎝) 12㎝

❀ 81재료
둥근 프레임(가로 약 4㎝, 높이 약 3.5㎝) 1개
꽃 모양 비즈(0.5㎝) 3개
시드비즈 3개

❀ 82재료
둥근 프레임(가로 약 4㎝, 높이 약 3.5㎝) 1개
볼 체인(커넥터 포함, 굵기 0.2㎝) 12㎝
비즈(대추 모양 0.6㎝×0.4㎝) 2개

❶ 옆·거싯을 꿰맨다

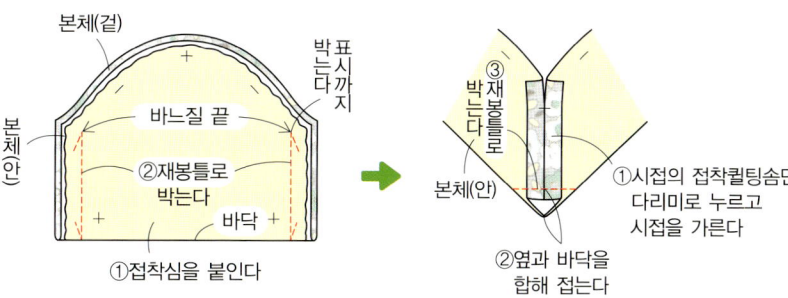

❷ 입구를 꿰맨다

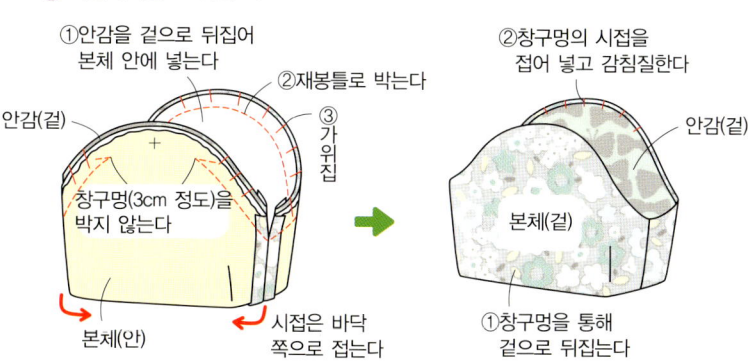

❸ 프레임을 끼운다

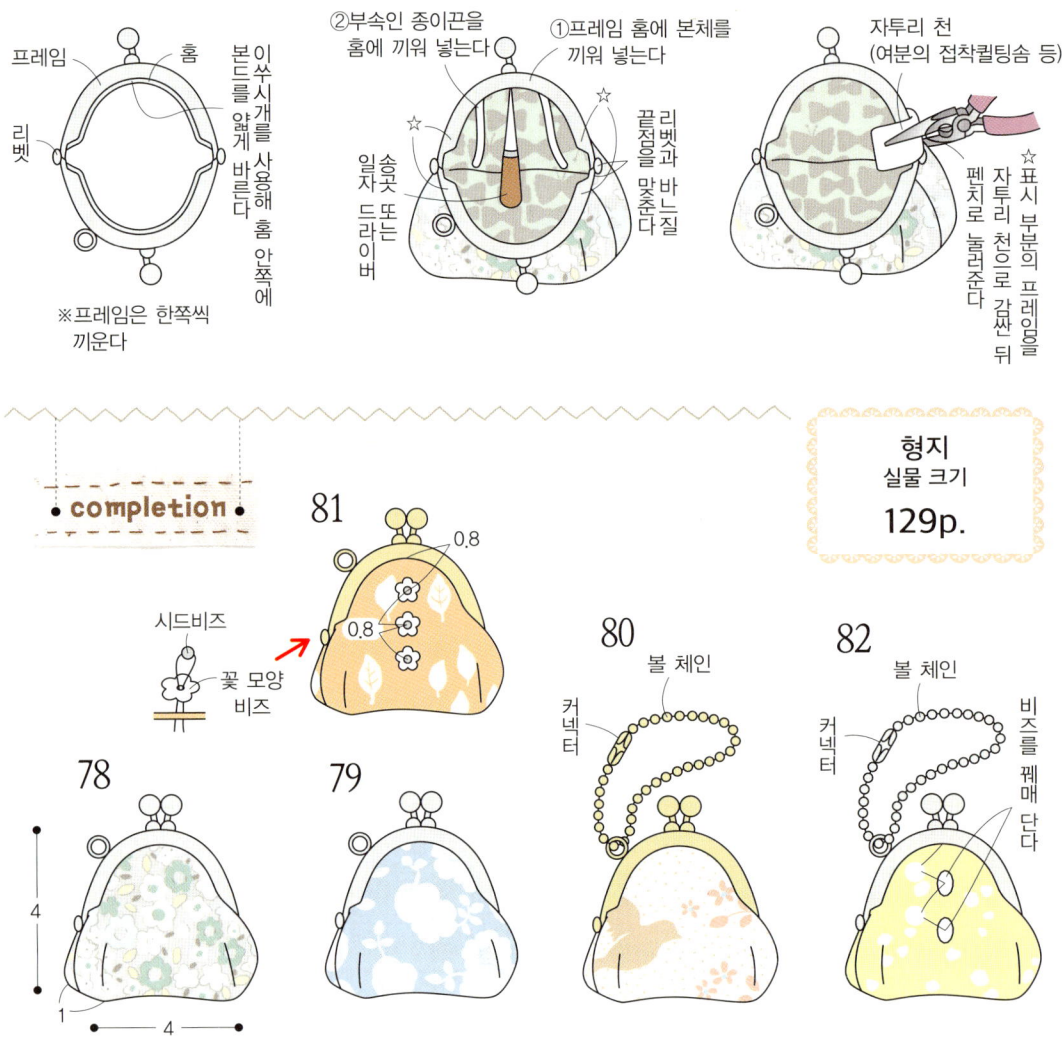

미니 테트라 파우치
(83~86번까지)

크기: 가로 6cm×세로 4cm×높이 5cm

손바닥 크기의 사랑스러운 테트라(사면) 파우치.
지퍼 부분에는 같은 천으로 만든 장식 방울을 더해줍니다. 액세서리나 캔디 주머니로 사용하세요.

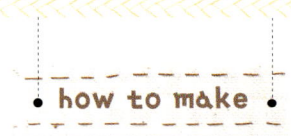

❶ 지퍼를 단다

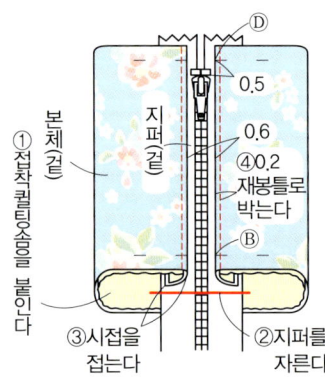

❷ 안감을 겹친다

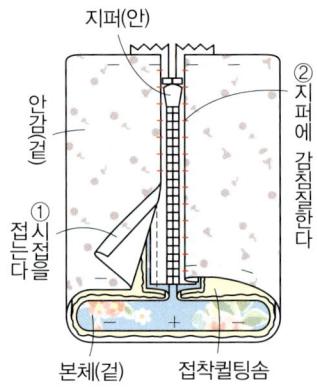

❸ 아래를 꿰맨다

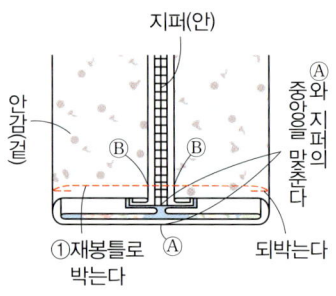

❹ 위를 꿰맨다

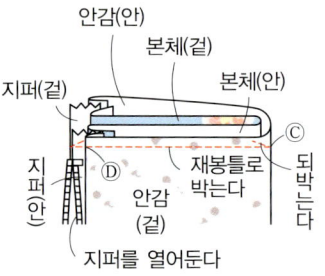

🌸 **83~86 공통 재료(1개분)**
겉감(83·85·86-목면 프린트, 84-목면 체크)
폭 18cm×8cm
안감(목면 프린트) 폭 14cm×8cm
접착퀼팅솜(얄팍한 타입) 폭 16cm×8cm
지퍼 10cm 1개
바이어스테이프(테두리용) 폭 1.1cm×16cm

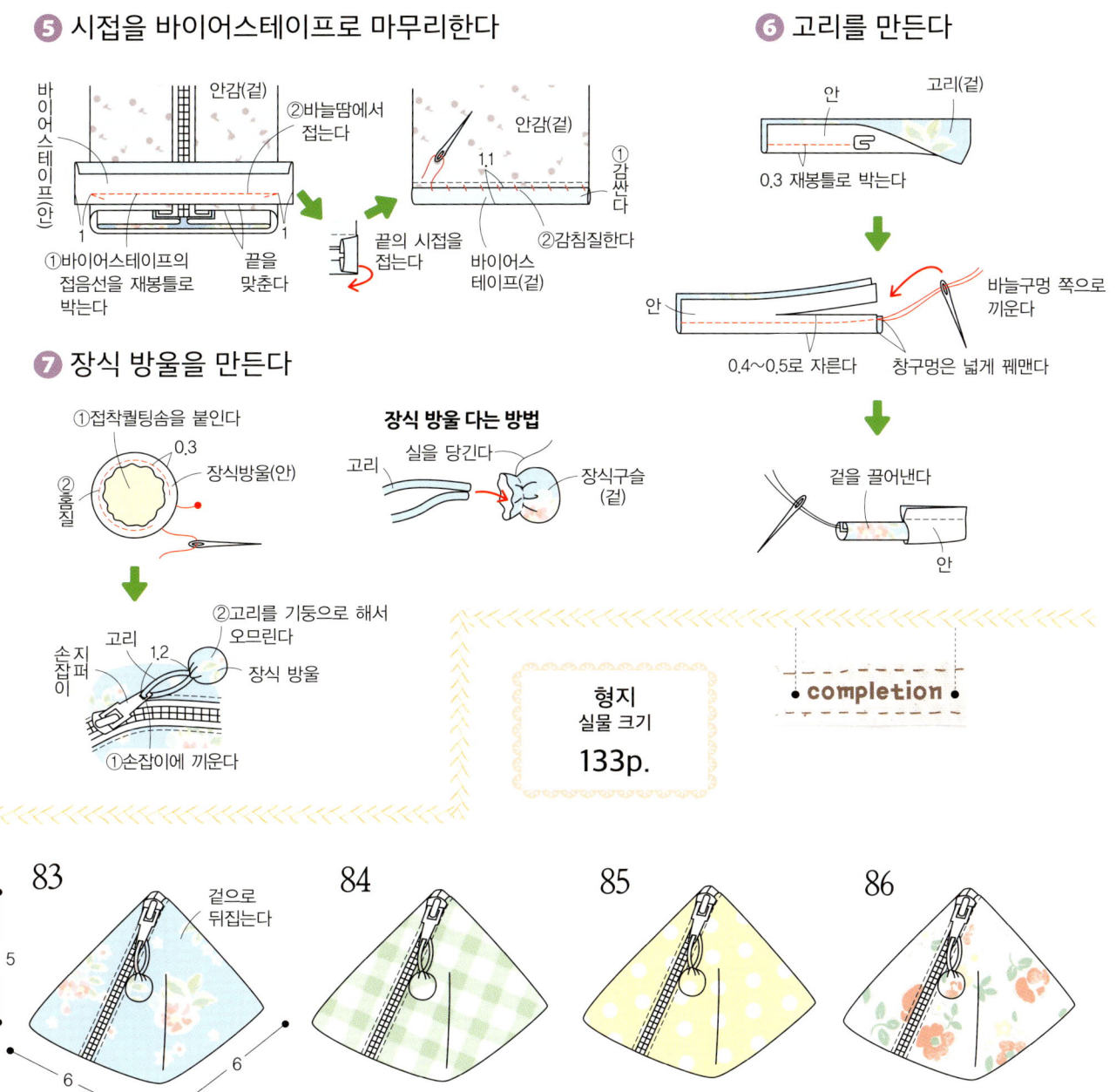

PART 6

실물 크기 형지

재단하여 사용하세요

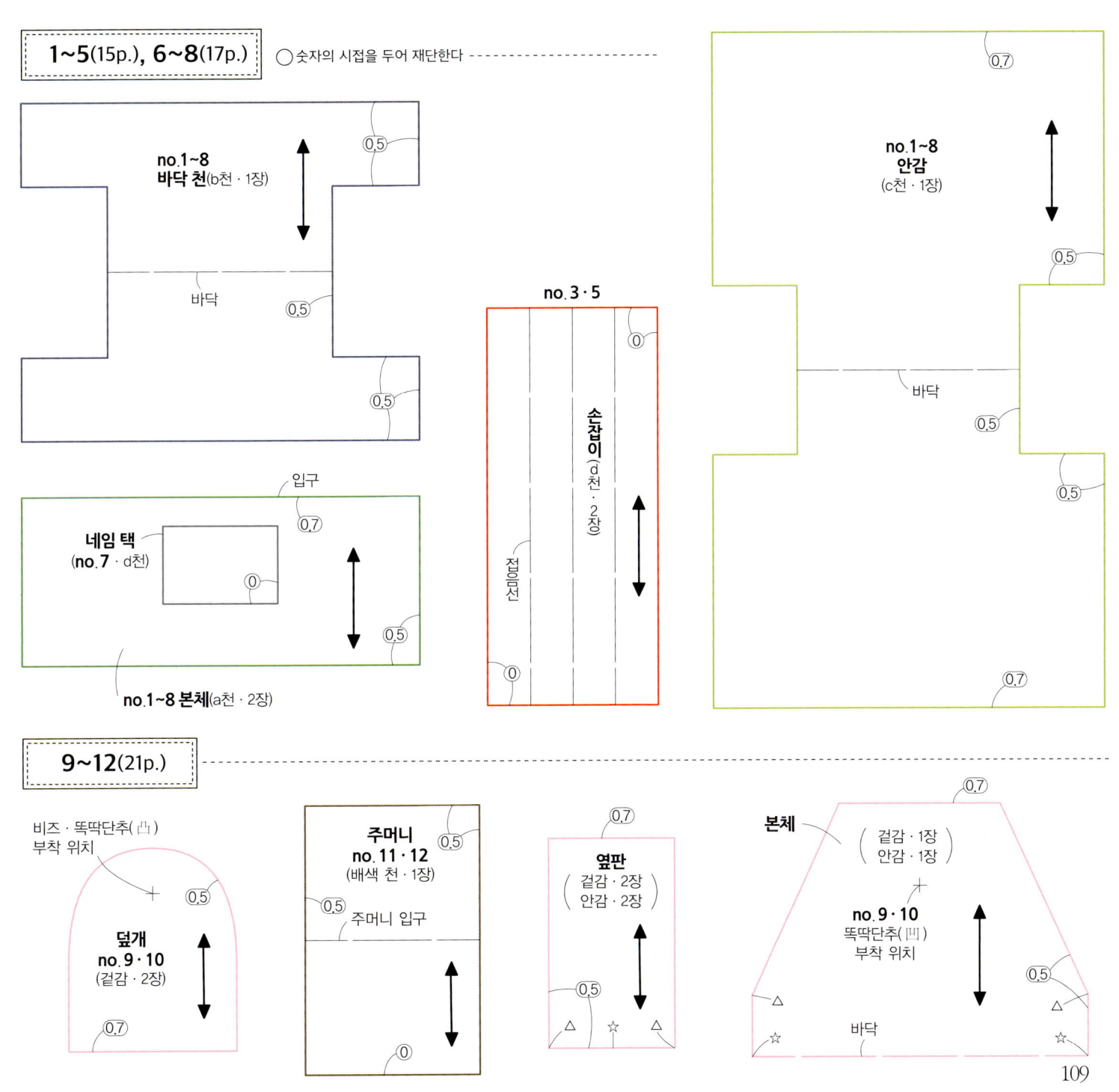

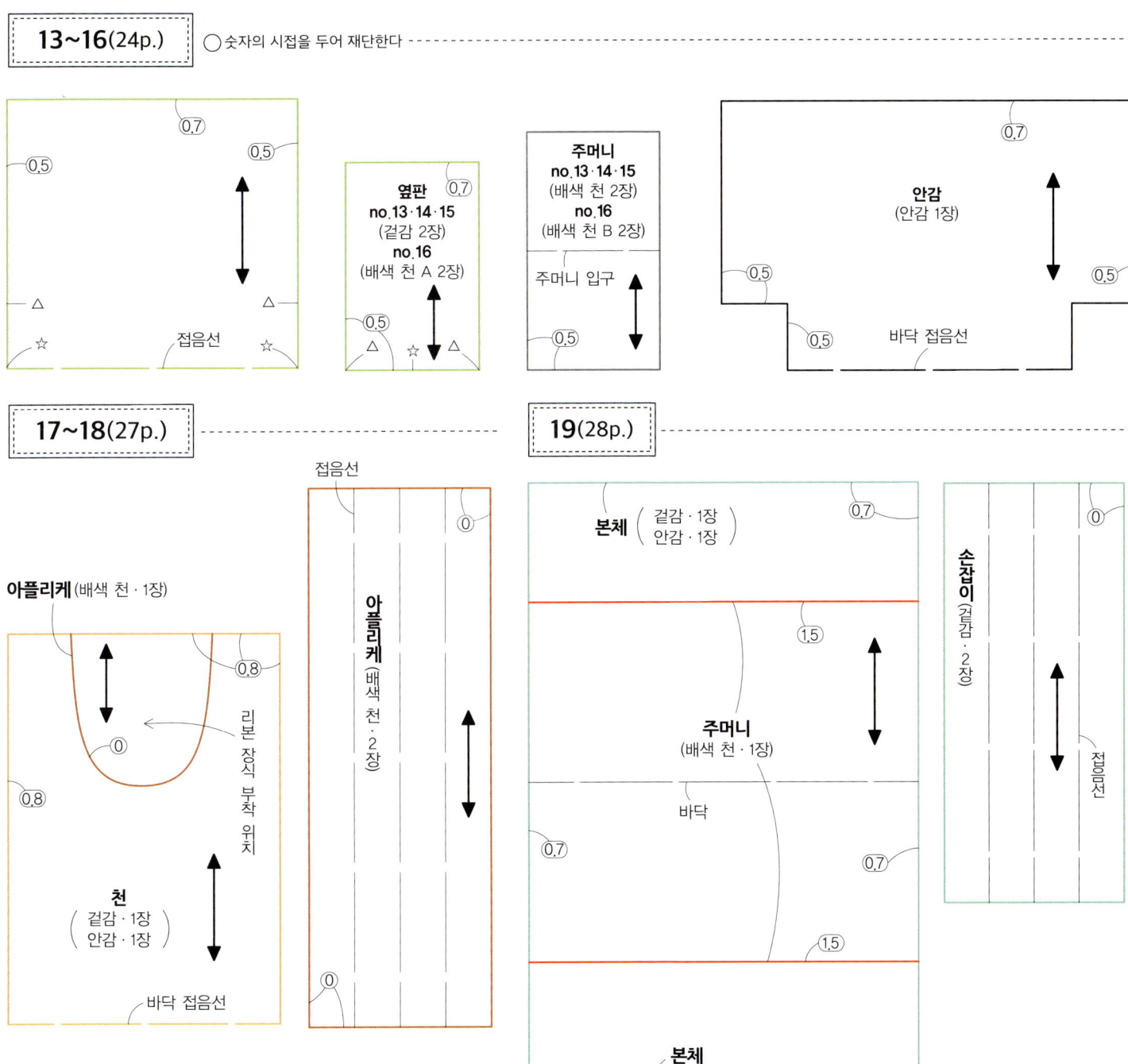

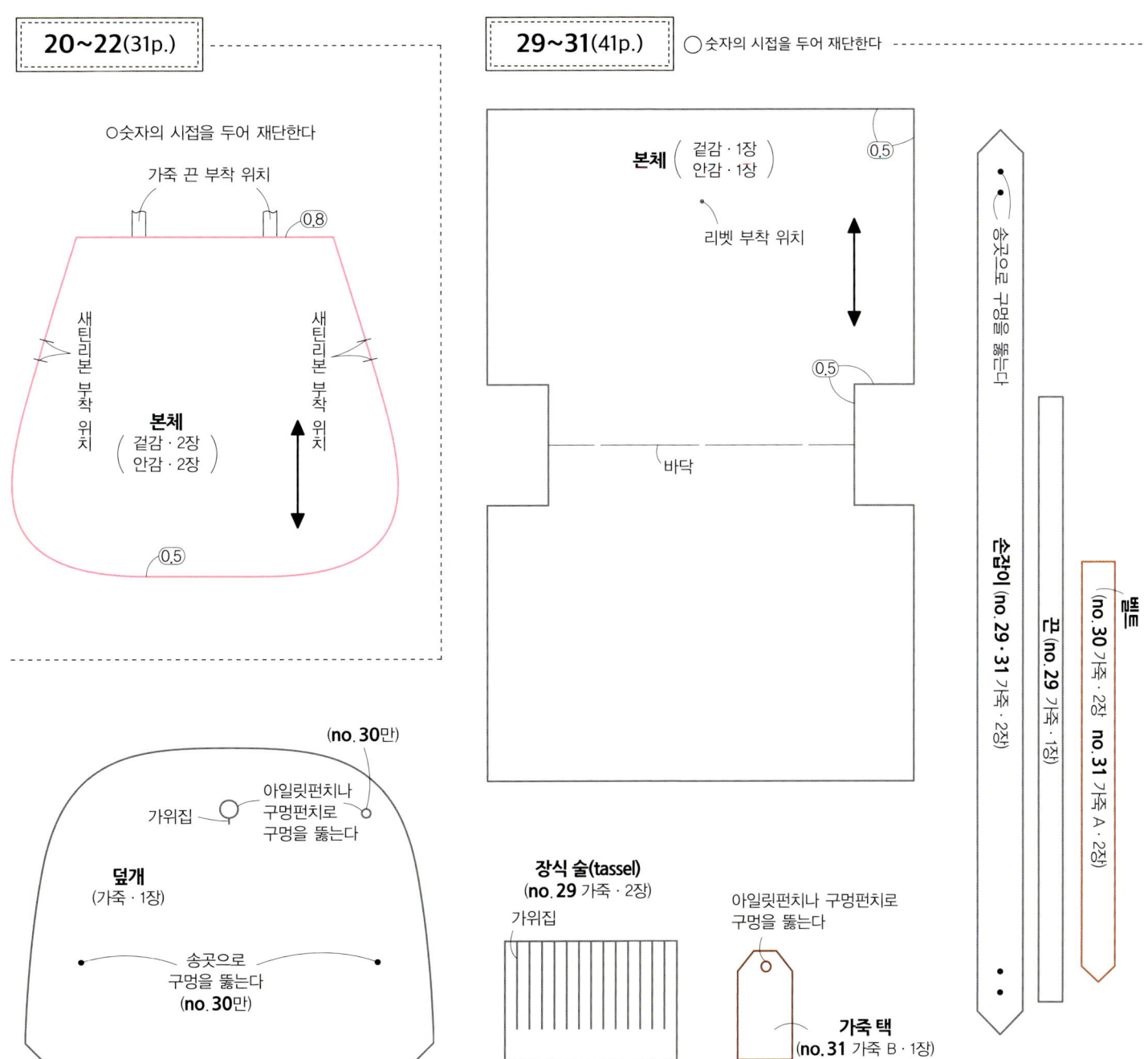

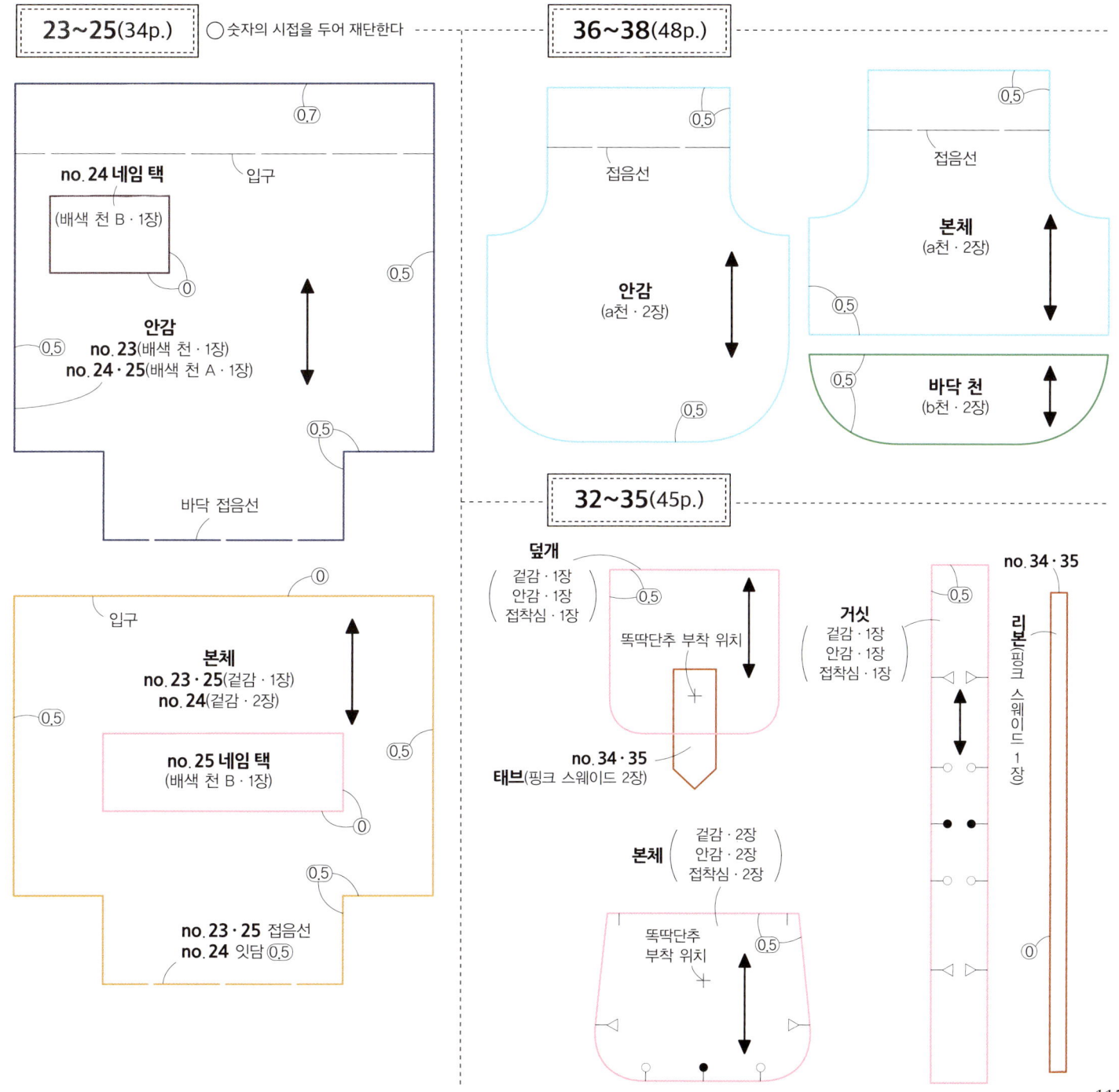

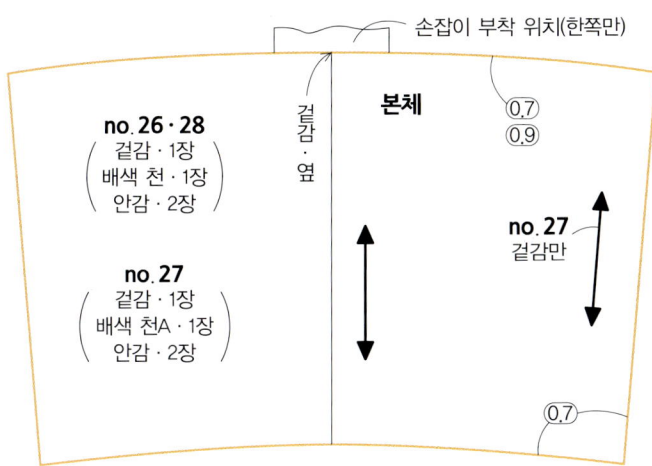
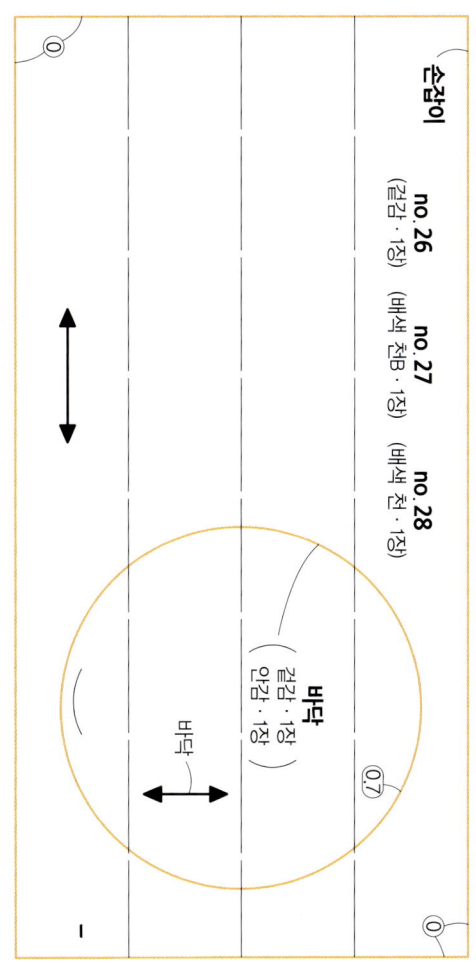

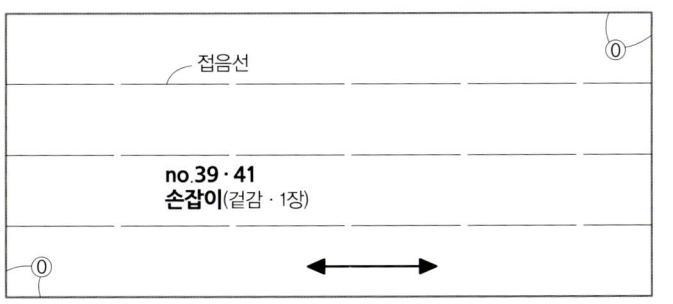
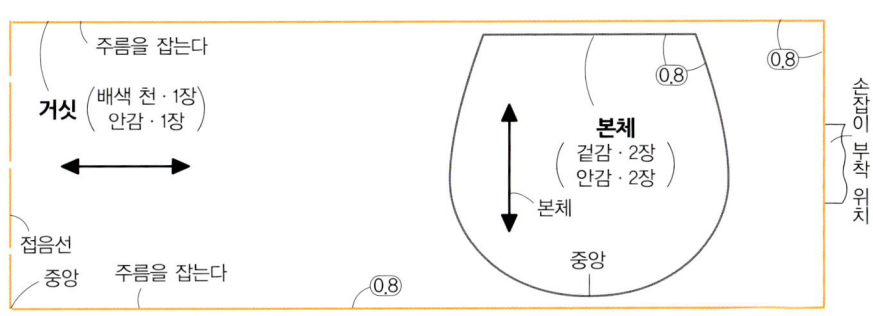

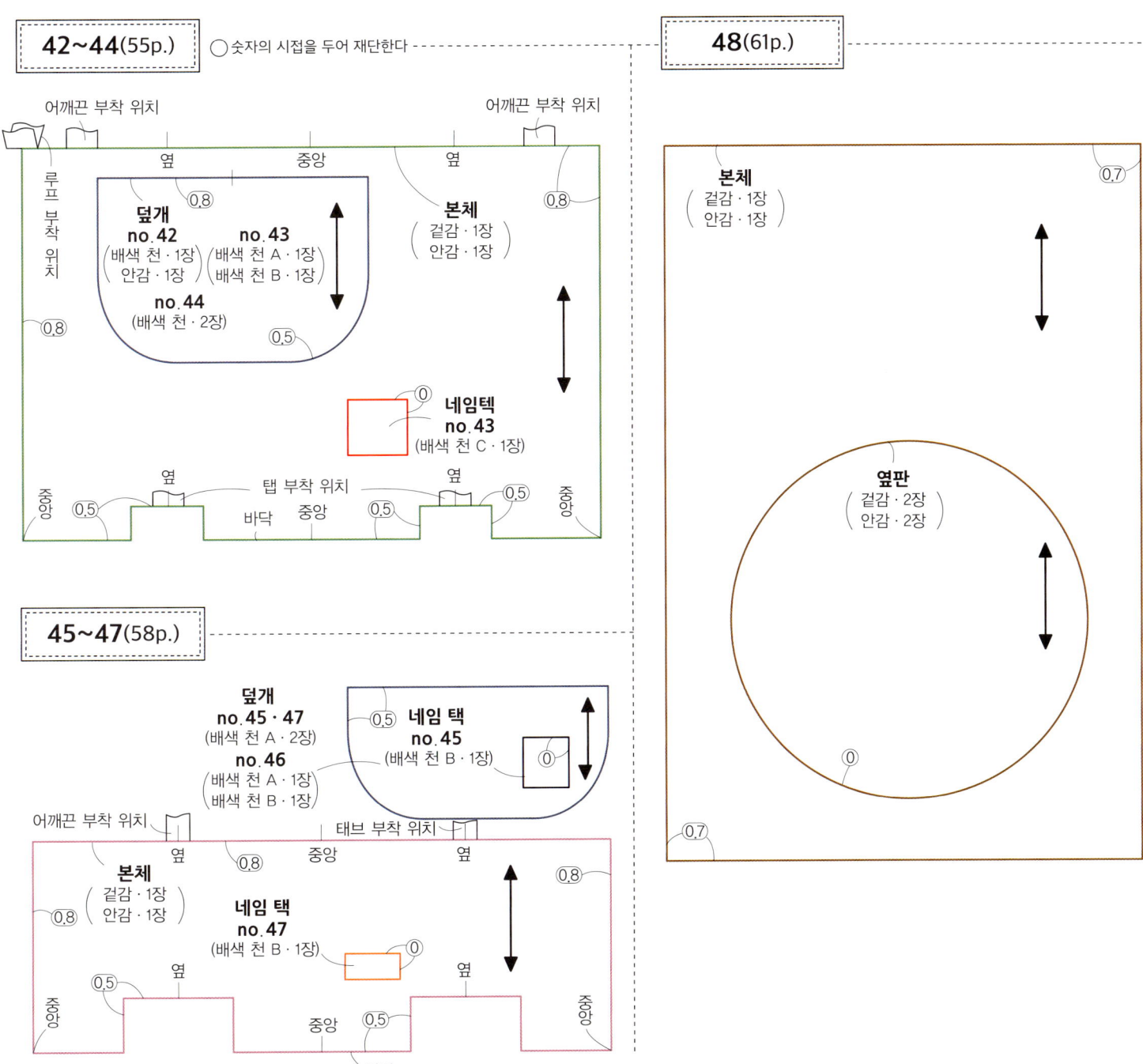

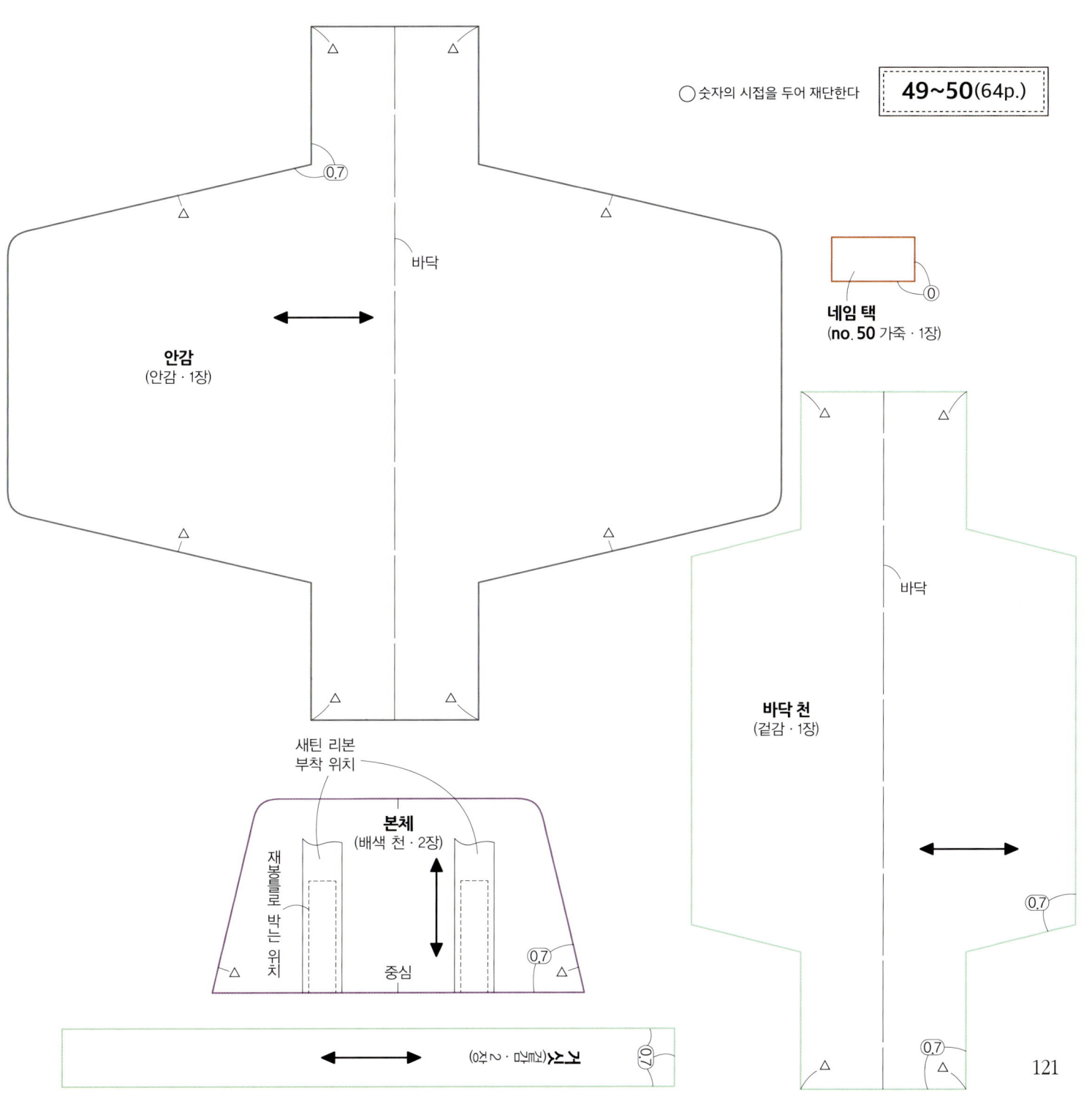

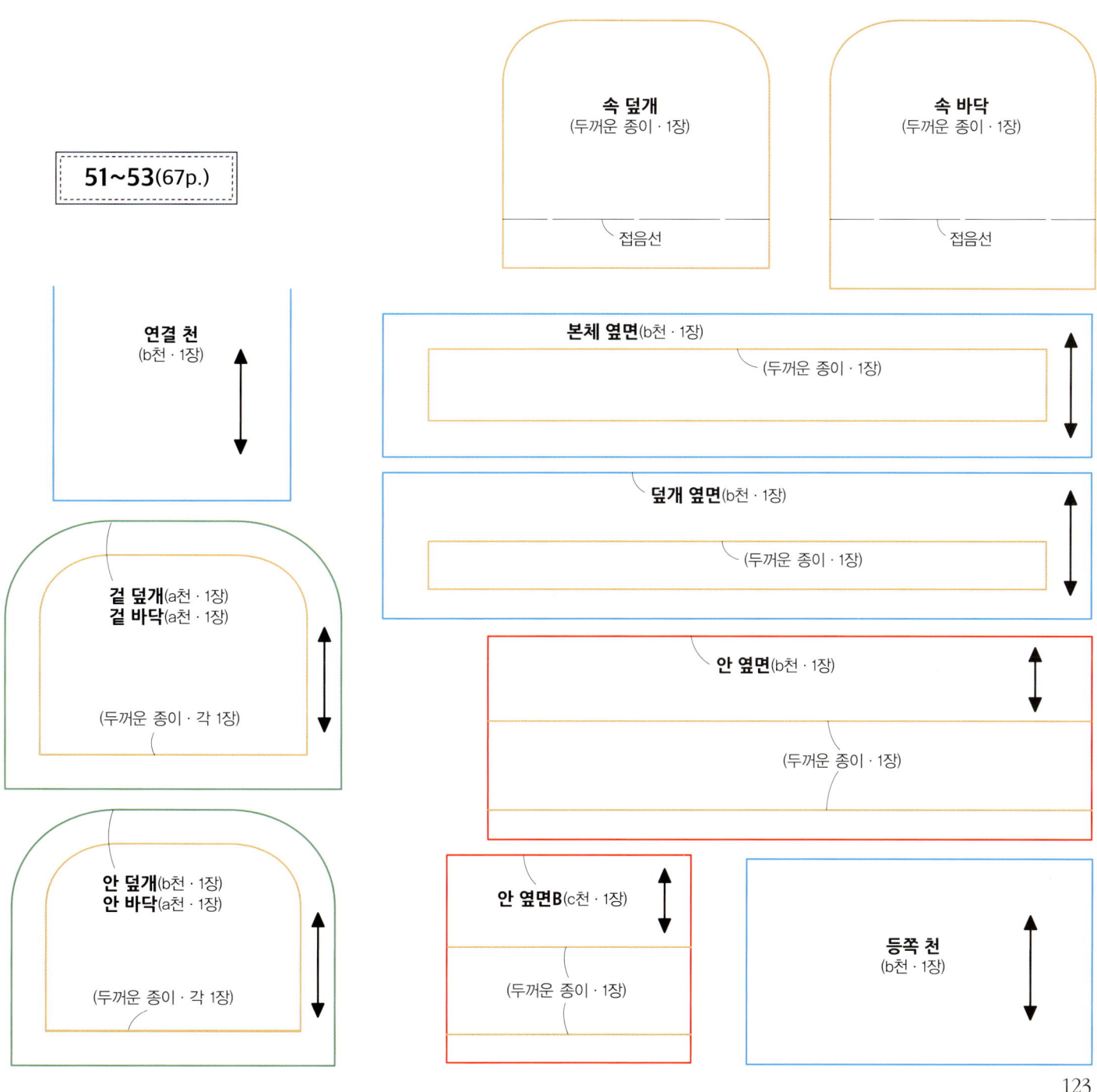

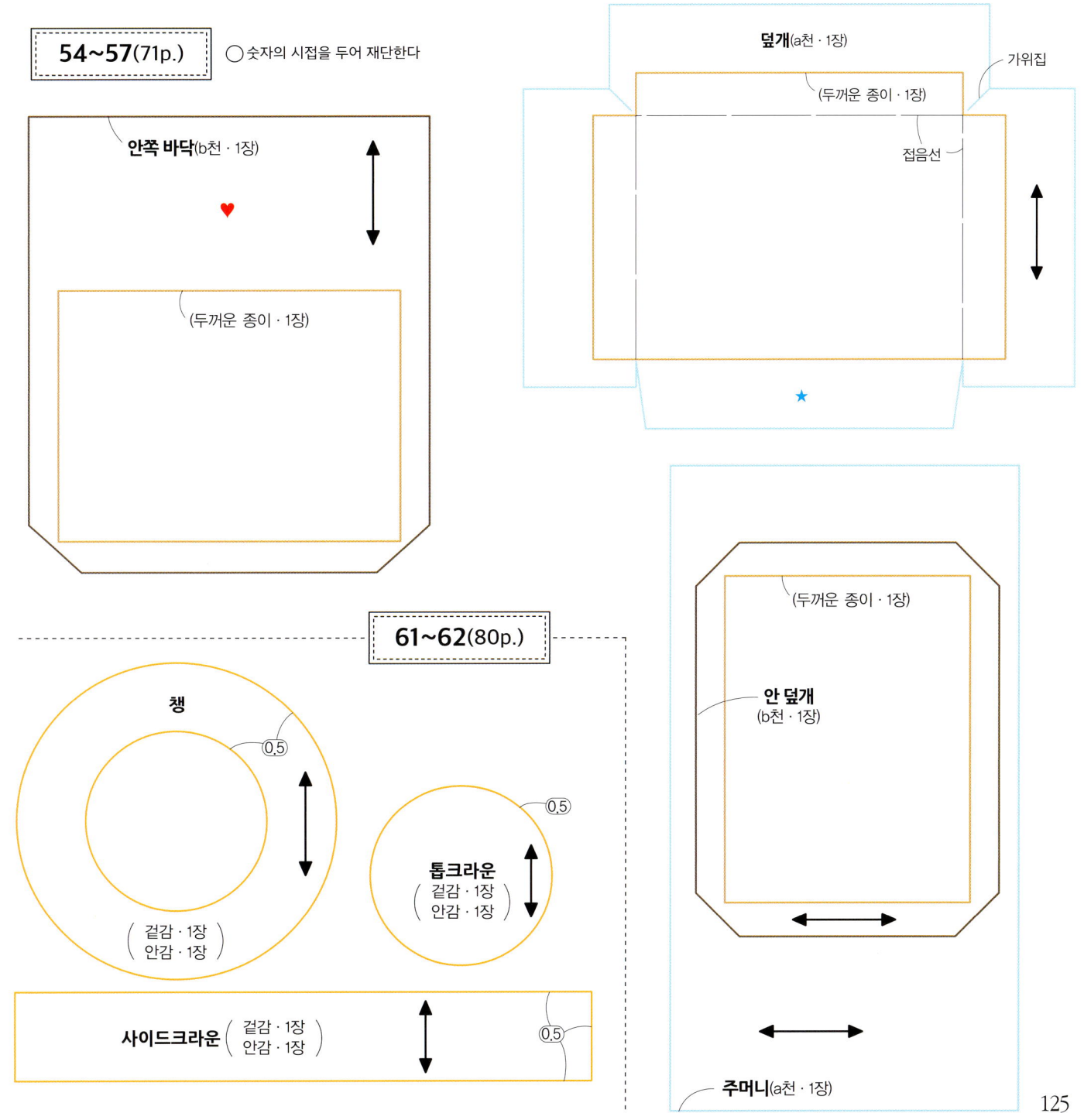

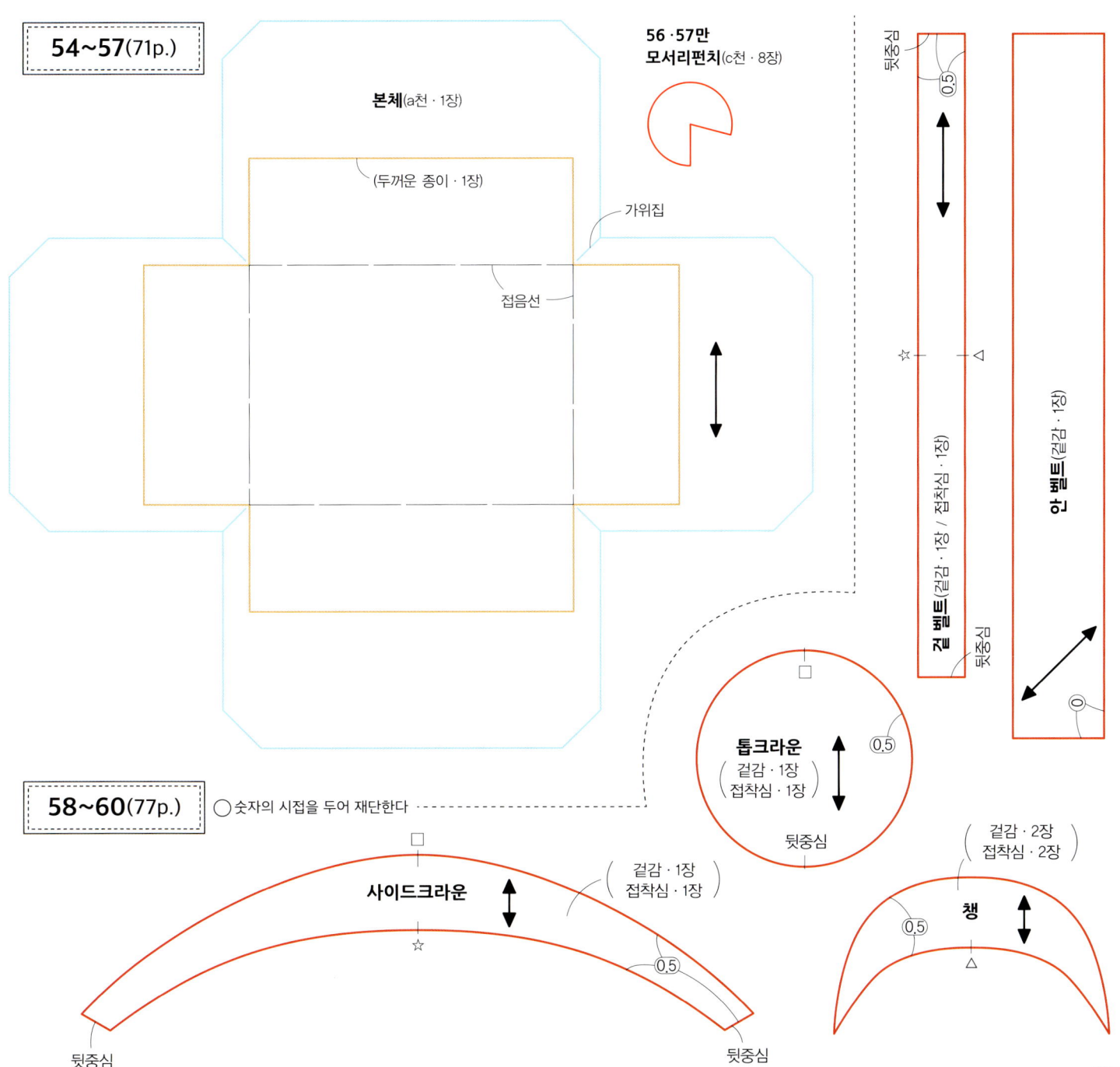

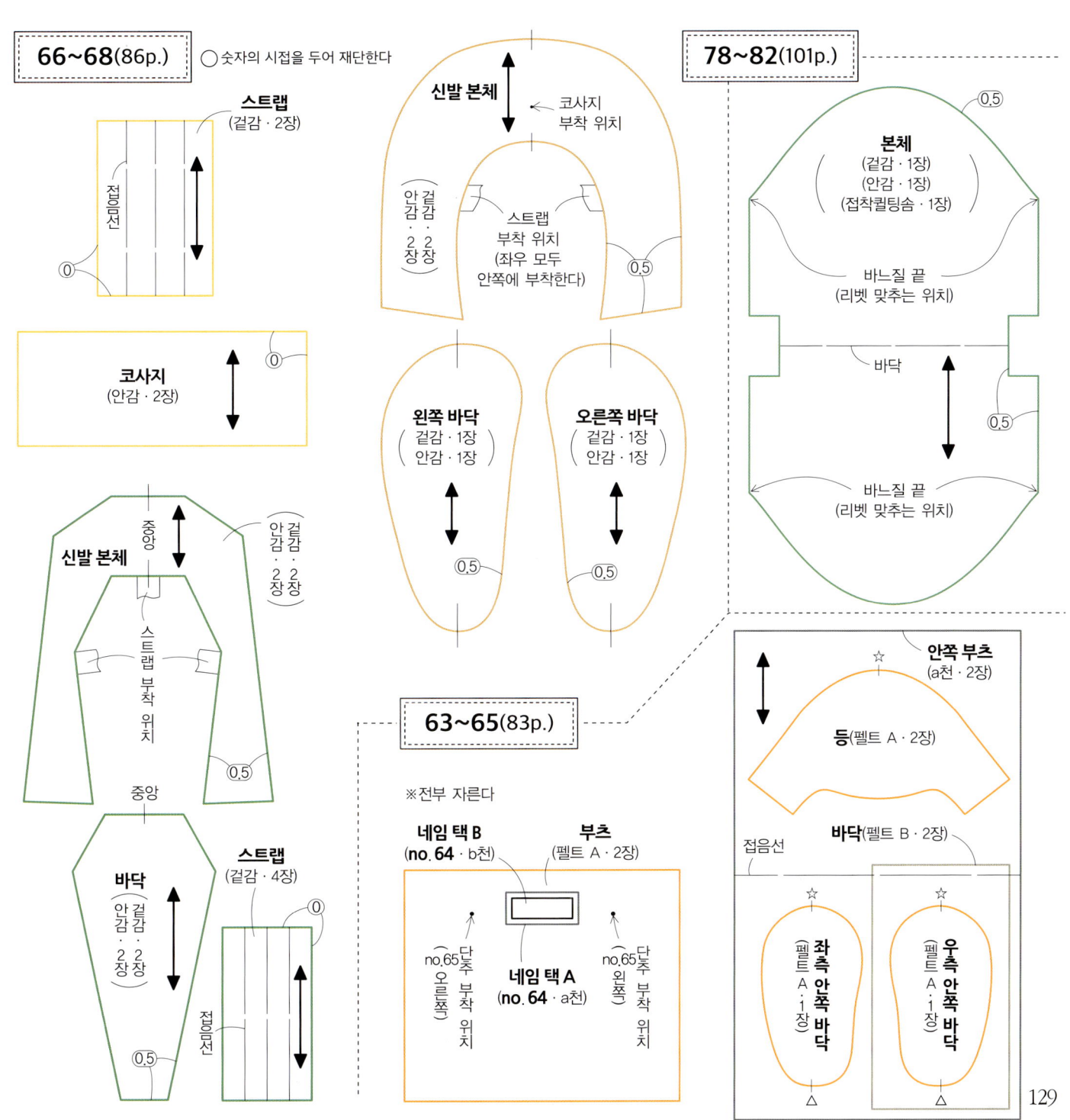

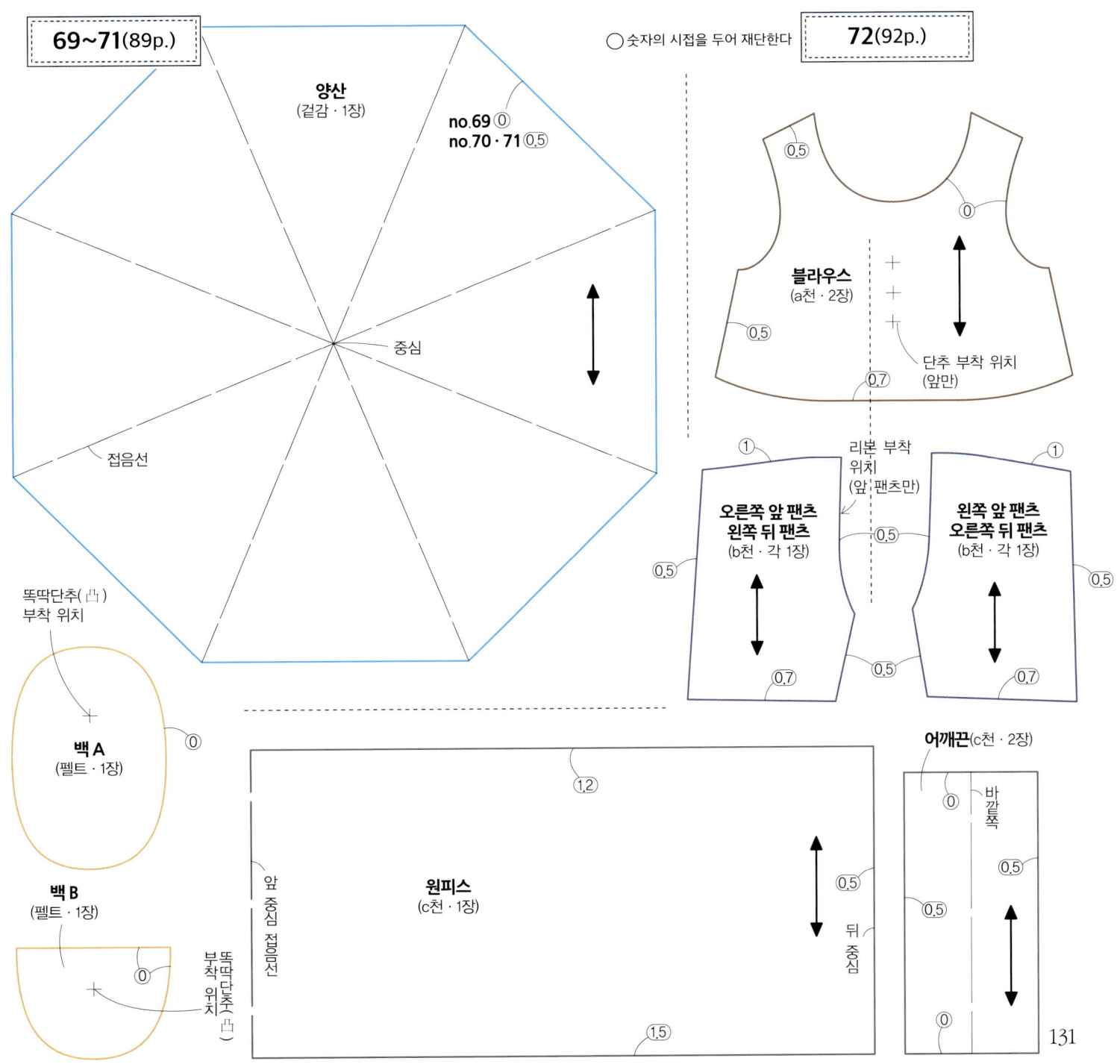

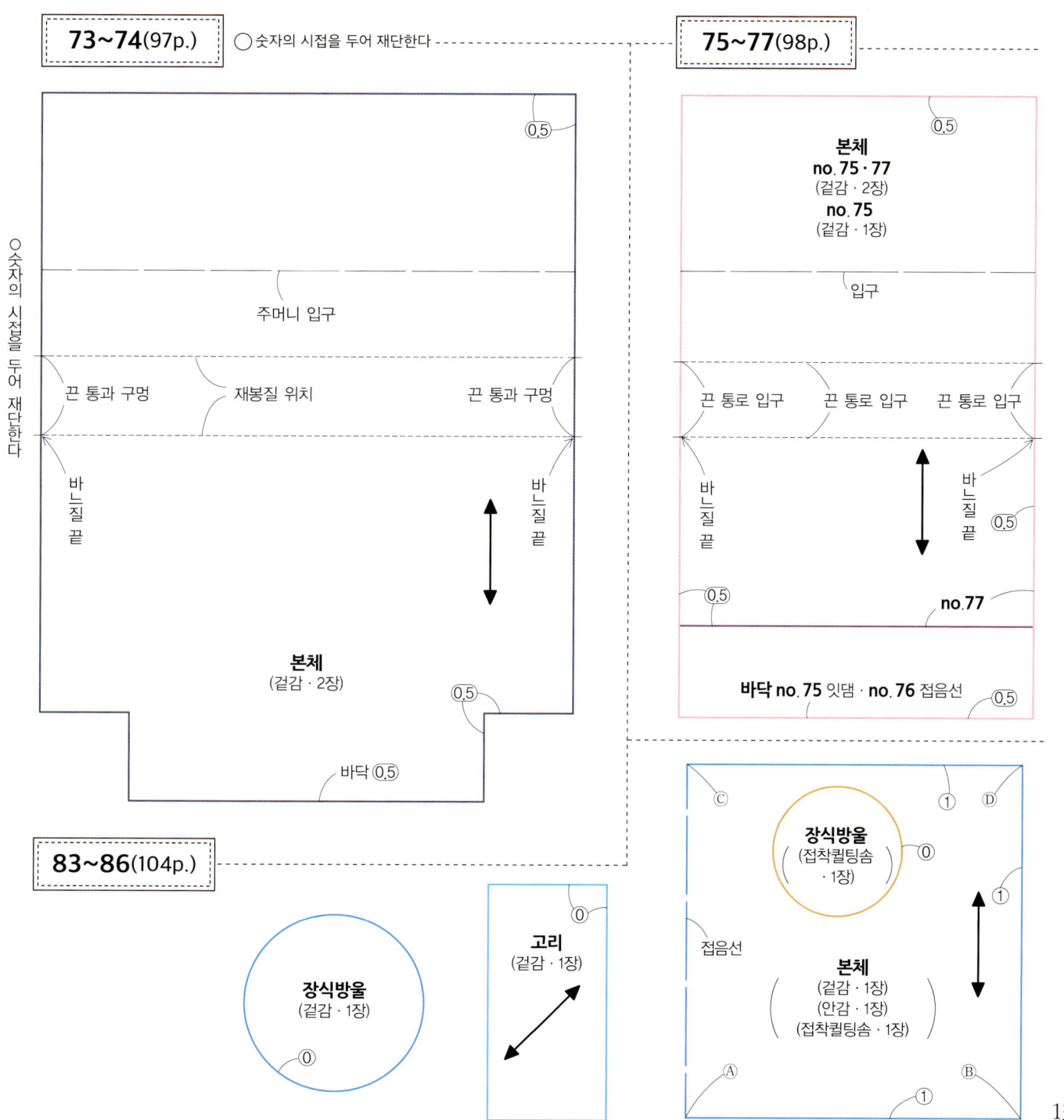

단한권의책 시리즈

어린왕자 ★ 별

생텍쥐페리 · 알퐁스 도데 지음 | 김설아 옮김
288쪽 | 올컬러 | 12,800원

《어린 왕자 · 별》은 프랑스의 비행조종사 출신 작가인 생텍쥐페리가 1943년에 발표한 작품 《어린 왕자》와 프랑스 서정 문학을 대표하는 작가 알퐁스 도데의 《별》이 수록된 책이다. 시와 철학, 삶에 있어서 무엇이 가장 소중한가를 생각하게 하는 숨은 진리가 담겨 있는 어린 왕자와, 섬세함이 묻어나는 서정적인 문체로 그려낸 풋풋한 사랑 이야기와 인생의 아름다움을 찬미하는 주옥같은 4가지의 작품이 실려 있는 《별》을 만나볼 수 있다.

피터 래빗 이야기

베아트릭스 포터 지음 | 김나현 옮김
352쪽 | 올컬러 | 13,000원

피터 래빗의 친구들

베아트릭스 포터 지음 | 김나현 옮김
380쪽 | 올컬러 | 13,500원

영국이 낳은 20세기 최고의 작가, 거장을 넘어 '살아 있는 신화'가 된 베아트릭스 포터의 작품 모음집!

100년 전에 탄생하여 누적 1억 5,000만 부 이상 판매, 30개 언어로 번역되어 지금까지도 전 세계 어린이와 어른의 마음을 사로잡는 불멸의 고전!
제1권에는 세계 최고의 애니메이션 흥행작 <톰과 제리>에 영감을 준 것이 확실해 보이는 「미스 모펫 이야기」와 <마당을 나온 암탉>보다 재미있고 감동적인 「제미마 퍼들 덕 이야기」 등 11편의 아름답고 따뜻한 이야기가 영어 원문과 함께 펼쳐진다.
제2권에는 「다람쥐 넛킨 이야기」 「티미 팁토스 이야기」 「나쁜 쥐 두 마리 이야기」 「티기 윙클 부인 이야기」 등 재미와 감동 면에서 제1권에 비해 전혀 밀리지 않는 걸작 8편이 수록되어 있다.

샤를 페로 고전 동화집

샤를 페로 지음 | 김설아 옮김
272쪽 | 올컬러 | 12,500원

전 세계적으로 가장 사랑받는 「잠자는 숲 속의 공주」 「신데렐라」 「장화 신은 고양이」 등 총 10편의 동화와 영문본이 실려 있다. 익살스럽고 사랑스러운 그림이 한껏 재미와 감동을 더해준다.